DER „MANN-ZEICHEN-TEST"

in der detailstatistischen Auswertung nach ZILER

in neubearbeiteter Auflage

von

HANNELORE BROSAT UND NADJA TÖTEMEYER

 Aschendorff Verlag

Unveränderter Nachdruck 2010

Gesamtherstellung: Aschendorff Druckzentrum GmbH & Co. KG, Münster, 2010

Gedruckt auf säurefreiem, alterungsbeständigem Papier ∞

ISBN 978-3-402-04704-0

Inhaltsverzeichnis

Vorwort

In den letzten Jahrzehnten hat sich die psychologische Diagnostik verändert und weiter entwickelt. Die pädagogische Diagnostik, insbesondere die heil- und sonderpädagogische Diagnostik, ergänzt die traditionelle psychologische und die medizinische Diagnostik um didaktische Inhalte, Ziele und methodische Vorgehensweisen. Förderdiagnostische Methoden und Verfahrensweisen, z. B. Beobachtung, Befragung, lernzielorientierte Tests, Gestaltungstests, qualitative Verfahren, aber auch Leistungstests, werden aufgrund bestimmter Fragestellungen mit dem Ziel angewandt, individualisierte, „passende" Begleitungs- und Förderkonzepte für Kinder und Jugendliche mit Entwicklungsverzögerungen, Lernschwierigkeiten, psychischen Belastungen und/oder Behinderungen zu entwickeln. Neben einer prozess- und förderungsorientierten Vorgehensweise ist hierbei die Einbindung des Kindes in seine materiale, familiale und soziale Umwelt (Kind-Umwelt-System) von großer Bedeutung, da ein Kind nur die Welt erfahren und sich aneignen kann, in der es lebt und aufwächst.

Die heil- und sonderpädagogische Diagnostik kann als eine Zwischentheorie beschrieben werden, welche zwischen theoretischem Erkennen und praktischem Handeln vermittelt und hypothesengeleitete Handlungskonzepte und Problemlösungsstrategien – möglichst im Dialog mit den betroffenen Kindern und Jugendlichen und ihren Bezugspersonen – entwickelt und hermeneutisch-pragmatisch begründet. Die Bereiche Diagnostik und Förderung gehen dabei ineinander über und bilden eine Einheit. Wird die Verknüpfung dieser Bereiche durch dieselbe Person geleistet, so hat dies zum Vorteil, dass das aus der Diagnostik resultierende Handlungskonzept auf das jeweilige Kind bzw. seine Alltagswelt optimal abgestimmt werden kann und sich das Verständnis für das Kind in seiner Gesamtsituation erhöht.

Diagnostische Kompetenzen zählen dementsprechend zu den grundlegenden heilpädagogischen Handlungsformen. Um diesem Selbstverständnis gerecht zu werden, hat der Studiengang Heilpädagogik an der Ev. Fachhochschule in Bochum einen Ausbildungsschwerpunkt „Heilpädagogische Diagnostik" entwickelt, der aufgrund seiner zunehmenden Bedeutung in der aktuellen Studienordnung als eigenes Zusatzfach ausgewiesen ist. In diesem Studienschwerpunkt können die Studentinnen und Studenten diagnostische Kenntnisse und Kompetenzen erwerben und einüben und sie mit didaktisch-methodischem Handeln verknüpfen. Darüber hinaus werden sie befähigt, kritisch-reflexiv und verantwortungsbewusst mit diagnostischen Verfahrensweisen und Diagnosen umzugehen.

Während ihres Studiums der Heilpädagogik setzten sich Frau Brosat und Frau Tötemeyer intensiv mit diagnostischen Testverfahren und ihrer Relevanz für den Bereich der heilpädagogischen Förderung auseinander. In der Seminararbeit wurde ihre Aufmerksamkeit auf den weit verbreiteten „Mann-Zeichen-Test" (MZT) gelenkt, der seit der Erstbearbeitung von Hermann ZILER unverändert als entwicklungsdiagnostisches Verfahren eingesetzt wird. ZILER veröffentlichte seine ersten Erfahrungen mit dem Mann-Zeichen-Test in den „Heilpädagogischen Blättern" bereits im Jahr 1950, so dass eine Neubearbeitung und Überprüfung der ZILERschen Grundannahmen und Auswertungskriterien dringend erforderlich schien.

Frau Brosat und Frau Tötemeyer entschlossen sich, im Rahmen ihrer von mir betreuten Diplomarbeit eine empirische Vergleichsstudie zur Aktualität des Mann-Zeichen-Tests durchzuführen und sich hierbei an den Vorgaben von ZILER zu orientieren. Diese wissenschaftliche Studie wurde von ihnen eigenständig geplant, durchgeführt und ausgewertet. Die Autorinnen führten statistische Berechnungen durch, beschrieben ihre Ergebnisse und diskutierten sie vor dem Hintergrund veränderter gesellschaftlicher Rahmenbedingungen. Ihre Arbeit wurde mit dem Förderpreis 2003 des Fördervereins der Ev. Fachhochschule RWL ausgezeichnet. Eine Kurzform wurde 2005 in dem „Handbuch Heilpädagogik" veröffentlicht.

In der vorliegenden 11. Auflage des Mann-Zeichen-Tests werden nun die Ergebnisse dieser Studie (2001/2002) mit den Ergebnissen der Originalstudie verglichen und aktualisierte Bewertungskriterien und Normwerte (prozentuale Häufigkeiten) mitgeteilt. Diese Neuauflage trägt dazu bei, dass der Mann-Zeichen-Test als Zeichen- und Gestaltungstest auch weiterhin als ein aktuelles förderdiagnostisches Verfahren im Rahmen von pädagogisch-psychologischen Untersuchungen (als „Eisbrecher" zur Erregungs- und Angstreduktion, bei Einschulungsuntersuchungen und zur Gewinnung von ersten Erkenntnissen über die allgemeine Entwicklung eines Kindes und Jugendlichen im Rahmen einer Testbatterie) eingesetzt werden kann.

Ich möchte an dieser Stelle Frau Brosat und Frau Tötemeyer für ihr Engagement, ihre anregenden Diskussionen und nicht zuletzt für ihre Bereitschaft danken, dass sie die vorliegende, sehr zeitaufwendige Studie zur Aktualisierung des Mann-Zeichen-Tests durchgeführt haben. Unser Dank gilt darüber hinaus allen Kindern, Jugendlichen, Eltern, Erziehern, Erzieherinnen, Lehrern und Lehrerinnen, ohne deren Mitarbeit die Neubearbeitung des Mann-Zeichen-Tests nicht möglich gewesen wäre.

Bochum, August 2006   Marianne Hellmann

1. Einleitung

Die Entwicklung des Mann-Zeichen-Tests (MZT) durch Hermann ZILER, Heilpädagoge und Sonderschulrektor, begann 1949 in Deutschland in Anlehnung an den „man-drawing-test" von Florence L. Goodenough, New York/Chicago, 1926 (vgl. hierzu ZILER 2000). Es wurde angenommen, dass ein Kind mit seiner Zeichnung zeigt, wie es den Menschen sieht und dass es in der Lage ist, sein Wahrnehmungsfeld zu gliedern und optisch zu differenzieren. Ebenso wurde postuliert, dass die Menschenzeichnung Aussagen über die feinmotorische Entwicklung und auch über das intellektuelle Leistungsniveau eines Kindes ermöglicht.

ZILER entwickelte den Mann-Zeichen-Test in detailstatistischer Auswertung auf der Grundlage von 1.651 Kinderzeichnungen. Er bezeichnete ihn als diagnostisches Hilfsmittel zur Feststellung von Schulreife und Sonderschulbedürftigkeit bei Kindern vom 6. bis zum 14. Lebensjahr (zum Verfahren der Testentwicklung und zur Überprüfung der diagnostischen Treffsicherheit s. ZILER (2000)).

In den folgenden Jahren wurde der MZT als ein „sprachfreies Verfahren zur Prüfung des Entwicklungsstandes und zur Intelligenzmessung" angewandt (vgl. hierzu u. a. BORCHERT et al. 1991).

In der heutigen kinderpsychologischen Praxis mit ihren Einsatzbereichen u. a. in Erziehungsberatungsstellen, Frühförderstellen, Heilpädagogischen Praxen, klinischen Bereichen, Vorschule und Schule wird der Mann-Zeichen-Test häufig im Bereich der Entwicklungs- und Persönlichkeitsdiagnostik angewandt. Innerhalb der Persönlichkeitsdiagnostik wird die Menschenzeichnung in der Bearbeitung von KOPPITZ („Zeichne einen Menschen-Test" (ZEM)) als ein Indikator des Körperschemas und des Selbstgefühls gesehen (vgl. KOPPITZ 1972). Auch die wissenschaftliche Forschung hat sich in den letzten Jahren zunehmend mit Kinderzeichnungen in der Diagnostik auseinandergesetzt. Obwohl in diesem Zusammenhang auch die Überarbeitung des ZILERschen Testverfahrens für erforderlich gehalten wird, erfolgte bis heute keine Neubearbeitung (vgl. hierzu u. a. SCHUSTER, 2000, S. 112 f.).

Im Rahmen unserer Diplomarbeit (2001/02) am Fachbereich Heilpädagogik an der Ev. Fachhochschule RWL, Bochum, führten wir eine empirische Studie zur Aktualität der Bewertungskriterien des „Mann-Zeichen-Tests" in der detailstatistischen Auswertung nach ZILER durch. Bei der Planung und Durchführung orientierten wir uns an den testpsychologischen Vorgaben von ZILER 1950.

Der Hypothese, die uns zur Durchführung der empirischen Studie veranlasste, lag folgende Überlegung zugrunde:

Gesellschaftliche Systeme unterliegen dem Phänomen des gesellschaftlichen Wandels. In der Zeit von 1950 bis 2001/02 hat eine Vielzahl sozialer Prozesse, z. B. Mobilisierung, Differenzierung, Individualisierung, zu einer Veränderung der Lebensstile, Kommunikationsformen und Wertehaltungen geführt. Innerhalb des Sozialisationsprozesses eines jeden Menschen werden diese gesellschaftlichen Maßstäbe an das Individuum herangetragen und nehmen somit gleichermaßen Einfluss auf seine Entwicklung (vgl. u. a. HURRELMANN/ULICH 1991, ROLFF/ZIMMERMANN 1993).

Daraus leiteten wir folgende Hypothese ab:

„Die gesellschaftlichen Veränderungen haben Auswirkungen auf das Malverhalten von Kindern, insbesondere auf die Entwicklung der zeichnerischen Details in den Menschendarstellungen, so dass die durch ZILER 1950 aufgestellten Bewertungskriterien des Mann-Zeichen-Tests einer Überarbeitung bedürfen".

Zur Überprüfung der Hypothese werteten wir 1.125 Zeichnungen von 3- bis 14-jährigen Kindern und Jugendlichen nach dem Mann-Zeichen-Test von ZILER aus.

Allerdings ersetzten wir in ZILERS Testauftrag das Wort „Mann" durch „Mensch", um durch eine neutrale Formulierung den Kindern eine freie Entscheidung hinsichtlich der geschlechtlichen Darstellung zu ermöglichen. Der Testauftrag lautete somit: **„Male einen Menschen, so gut du kannst".**

Die Ergebnisse unserer Studie 2001/02 unterstützten die anfängliche Arbeitshypothese, da eine Verschiebung der durchschnittlichen Mittelwerte der Mann-Zeichen-Quotienten (MZQ) unübersehbar wurde. In den Menschenzeichnungen 2001/02 spiegelten sich aktuelle Einflüsse der Medien und Modetrends wider und bestätigten die Vermutung, dass sich diese Veränderungen auf gesellschaftliche Prozesse zurückführen lassen. Daher hielten wir eine Überarbeitung des Mann-Zeichen-Tests nach ZILER für unbedingt notwendig, nicht zuletzt, um seine Aktualität und seinen Wert als nonverbalen Entwicklungstest auch weiterhin zu gewährleisten.

Ziele dieser neu bearbeiteten Auflage sind somit (neben der Darstellung des Tests) die Beschreibung und Diskussion der Ergebnisse der Studie 2001/02 sowie die Darstellung der aktuellen Normwerte (prozentuale Häufigkeiten der Details) zur Auswertung des Mann-Zeichen-Tests.

Mögliche Veränderungen der Bewertungskriterien werden im letzten Kapitel (3.2.6) dieses Buches vorgestellt. Diese beinhalten jedoch kein komplett neues Berechnungssystem und entsprechend keine Neustandardisierung. Die Änderungsvorschläge sind vielmehr als Anregung zu verstehen, aktualisierte bzw. zusätzliche Bewertungskriterien bei der Auswertung zu berücksichtigen, die den gesellschaftlichen Veränderungen seit 1950 Rechnung tragen.

Das vorliegende Testhandbuch orientiert sich an dem Handbuch von ZILER in der Auflage 2000. Bedeutende Änderungen der Normwerte sind im direkten tabellarischen oder graphischen Vergleich dargestellt.

Aus organisatorischen und datenschutzrechtlichen Gründen konnten wir in unserer Studie die diagnostische Treffsicherheit (Validität) des MZT nicht überprüfen. Wir verweisen hierzu auf die von ZILER durchgeführte schulische Untersuchung hinsichtlich der Korrelationen zwischen dem Mann-Zeichen-Quotienten (MZQ) und der Schulleistung.

Es sollen aber die Ergebnisse einer Untersuchung mitgeteilt werden, die HELLMANN 2001 im Rahmen eines Forschungsprojekts durchgeführt hat. Insgesamt wurden die Daten von 200 Kindern und Jugendlichen mit Entwicklungsstörungen und Entwicklungskrisen ausgewertet. Bei 89 Schulkindern wurden u. a. der Mann-Zeichen-Test (ZILER), der Bender-Gestalt-Test (BGT; in der Auswertung nach KOPPITZ), die Coloured Progressive Matrices (CPM; RAVEN) sowie der Frostigs Entwicklungstest der visuellen Wahrnehmung (FEW; LOCKOWANDT) durchgeführt und die Ergebnisse miteinander korreliert. Hierbei zeigten sich sehr signifikante Zusammenhänge zwischen dem ermittelten Mann-Zeichen-

Alter (MZA; in Monaten) und der Fehlersumme im BGT, allen Untertests des FEW sowie den Rohwerten der CPM. Die Korrelationen weisen auf mittlere Zusammenhänge ($r > 0.5$) zwischen dem MZT und dem BGT, den Untertests „Visuomotorische Koordination", „Figur-Grund-Unterscheidung" und „Räumliche Beziehungen" des FEW hin. Die Zusammenhänge zwischen dem MZT und den Untertests „Form-Konstanz-Erhaltung", „Lage im Raum" des FEW sowie den CPM sind trotz des sehr signifikanten Zusammenhangs als gering zu bezeichnen ($r > 0.30$).

Diese Ergebnisse bestätigen, dass der MZT in detailstatistischer Auswertung weniger als Intelligenztest geeignet ist, sondern vielmehr Aussagen über den Bereich der visuellen Wahrnehmungsentwicklung, insbesondere der visuomotorischen Koordination, der Figur-Grund-Unterscheidung und der räumlichen Wahrnehmungsorganisation, bei Kindern mit Entwicklungsstörungen ermöglicht. Da davon auszugehen ist, dass ein Kind einen Menschen so malt, wie es sich selber sieht und empfindet, kann der MZT auch als Indikator der allgemeinen Entwicklung, des Körperschemas und des Selbstgefühls interpretiert werden. In diesen Bereichen ist sicherlich auch der Ansatzpunkt für Fördermöglichkeiten zu sehen. Durch aktive Körpererfahrung, durch Bewegung und Körpererleben kann die Wahrnehmungsorganisation gefördert und zum Aufbau des Körperbildes beigetragen werden. Vielfältige Wahrnehmungserfahrungen und psychomotorische Angebote sollten bei der Förderung im Vordergrund stehen.

2. Darstellung des Mann-Zeichen-Tests

Die Grundlage des MZT bilden die von Kindern erstellten Menschenzeichnungen, deren quantitative Auswertung anhand einer Punktetabelle vorgenommen wird.

ZILER ging aufgrund seiner Untersuchungen davon aus, dass die Anzahl der gezeichneten Körperteile und Details auf den Entwicklungsstand und die intelligenten Fähigkeiten eines Kindes schließen lassen.

In der detailstatistischen Auswertung nach ZILER sollen die einzelnen dargestellten Details einer Menschenzeichnung (z. B. Kopf, Augen, Arme, Beine) also das WAS, erfasst werden. Eine Beurteilung der gezeichneten Proportionen, der Ästhetik und anderer subjektiver Momente, also das WIE, bleibt hier weitestgehend unberücksichtigt.

Zur Durchführung des Tests wird folgendes Material benötigt: ein Bleistift und ein Blatt Papier (DIN-A4). Der Testauftrag lautet:

„Male einen Menschen, so gut du kannst".

ZILER weist den Testleiter ausdrücklich darauf hin, den Testauftrag ernst zu nehmen und nicht zu verniedlichen, da dies die Ergebnisse verfälschen könnte. Der Test kann als Einzel- oder Gruppentest angewendet werden.

In der quantitativen, detailstatistischen Auswertung werden die einzelnen dargestellten Details einer Menschenzeichnung anhand von 52 Bewertungskriterien erfasst, mit

1 Punkt (vorhanden) bzw. 0 Punkten (nicht vorhanden) bewertet und zu einer Gesamt-punktzahl addiert (Punktzahl).

Einige dieser Bewertungskriterien erfordern neben vorhandenen objektiven Krite-rien, wie z.B. Kopf, Augen, Nase, eine subjektive Bewertung durch die Kriterien „plas-tisch", „deutlich" und „richtig". Zur Verbesserung der Auswertungsobjektivität fügte schon ZILER ergänzende Anmerkungen zur Bewertung einzelner Details hinzu (im Fol-genden *kursiv* wiedergegeben), die hier der Einfachheit halber direkt in die Haupttabel-le eingearbeitet und durch weitere Konkretisierungen unsererseits ergänzt wurden.

2.1 Bewertungskriterien

Haupttabelle nach ZILER

Bemerkungen zur endgültigen Tabelle nach ZILER (2000, S. 7–11)

„Bei Armen, Fingern, Nase usw. soll der Zusatz ‚plastisch' ausdrücken, daß diese Körperteile nicht nur als Strich oder Punkt, sondern als Doppelstrich usw. gezeichnet sind. Eine Strichverdickung ist nicht plastisch.

Wenn Körperteile, die doppelt vorhanden sein müssen (Arme, Beine, Augen usw.) in der En-face-Zeichnung nur einmal gezeichnet sind, so wird die Hälfte der Punkte gerechnet. Sind die Körperteile mehr als zweimal gezeichnet, wird kein Punkt gegeben. Ebenso gilt kein Punkt für angedeutete Hän-de (vielfach in Kreisform), die rundherum mit Strichen als Finger versehen sind. (vgl. hierzu Kon-kretisierung zu Punkt 31) *Wird bei Körperteilen, die doppelt vorhanden sind, der eine in einer einfacheren und der andere in einer besseren Form gezeichnet, so wird die bessere Form gewertet.*

Liegen von einem Kind mehrere Mann-Zeichnungen vor, die zeitlich kurz nacheinander ge-zeichnet worden sind, so wird die beste Zeichnung gewertet und nicht ein Mittel aus allen Zeich-nungen.

Bei der Zählung der Punkte ist darauf zu achten, daß bei einer besseren Ausführung eines Kör-perteils die vorherigen Punkte für die schlechtere Ausführung mitgezählt werden. Ist z.B. bei einer Mann-Zeichnung der Hals so gezeichnet, daß Punkt 18 erfüllt ist, so werden auch die Punkte 16 und 17 mitgezählt. Oder ist bei den Beinen der Punkt 34 erreicht, so sind auch die Punkte 32 und 33 zu zählen."

1. Kopf

2. Kopf, nicht größer als ½ und nicht kleiner als ⅙ des Rumpfes (ausgemessen!)

3. Kopfhaar, angedeutet

4. Kopfhaar, deutlich ausgezeichnet (s. Anmerkung)

> *„Der Punkt zählt, wenn das Haar nicht nur gekritzelt oder nur am Umriß des Kopfes gezeichnet ist, sondern die entsprechenden Stellen des Kopfes ein gezeichnetes Haar ha-ben, Kopfumrisse dürfen nicht durchschauen."*

5. Augen

6. Pupille

7. Augenbrauen (s. Anmerkung)

„Dieser Punkt kann sowohl für Augenbrauen als auch für Wimpern gezählt werden."

8. Nase, angedeutet (als Strich oder Punkt)

9. Nase, plastisch (es genügen evtl. 2 Nasenlöcher)

Konkretisierung: „Die Nase muss deutlich plastisch sein, d. h. entweder aus 2 Strichen bestehen, wobei der waagerechte Strich kürzer sein sollte als der senkrechte Strich, oder als Dreieck gezeichnet sein."

10. Mund, angedeutet (als Strich oder zusammenhanglose Striche)

11. Mund, plastisch (in Mundform, nicht nur ein Loch)

12. Lippen, deutlich gezeichnet

13. Kinn, deutlich erkennbar oder Bart (s. Anmerkung)

„Bei En-face-Zeichnungen muß entsprechend Platz unter dem Mund sein, der Kopf muß an der Stelle des Kinns spitzer zulaufen. Evtl. kann auch eine Andeutung des Kinns durch einen Punkt, kleine Striche oder Schattierungen vorhanden sein."

14. Ohren, angedeutet

15. Ohren, plastisch (s. Anmerkung)

„Erforderlich für diesen Punkt ist, daß innerhalb der Umrandung des Ohres ein Punkt, ein Kreis, eine fragezeichenartige Figur oder dergl. das Innere der Ohrmuschel andeutet."

16. Hals, angedeutet (s. Anmerkung unter 18.)

17. Hals, plastisch (s. Anmerkung unter 18.)

18. Hals, richtig verbunden (s. Anmerkung)

„Als Andeutung des Halses genügt ein Strich, der allerdings Kopf und Rumpf verbinden muß. Hat dieser Strich keine direkte Verbindung mit Hals und Rumpf, so ist der Punkt 16 nicht erfüllt. – Der Hals ist plastisch, wenn er durch zwei parallele Striche dargestellt ist, die oben durch die Umrißlinie des Kopfes und unten durch die Umrißlinie des Rumpfes begrenzt sind. – Die richtige Verbindung zwischen Kopf und Rumpf erfordert, daß die Kopfumrißlinie offen in die Halslinien übergeht und die Halslinien offen in die Umrißlinie des Rumpfes überleiten. Es gibt dabei also keine Begrenzung des Halses nach oben oder unten durch querlaufende Linien."

Kritik: Widerspruch zu Punkt 13: Geht die Kopfumrisslinie in die Halslinie über, so ist eine Zeichnung des Kinns unmöglich.

Konkretisierung: „Es gibt keine Begrenzung des Halses zum Rumpf, es sei denn durch eine Kette oder einen Kragen. Es gibt keine Begrenzung zum Kopf, es sei denn durch die Kopfumrisslinie. Wichtig hierbei ist, dass die Verbindung zwischen Kopf und Hals natürlich aussieht."

19. Rumpf

20. Rumpf, plastisch und länger als breit (s. Anmerkung)

„Für Punkt 19 zählt der Rumpf, der durch einen Strich, durch ein kreisförmiges Gebilde oder durch ein quadratisches Viereck dargestellt ist. Also auch plastische Rumpfformen, die nicht länger als breit sind, erfüllen nur den Punkt 19. – Für den Punkt 20 muß der Rumpf plastisch und eindeutig länger als breit sein.

Es kommt bei jüngeren Kindern des öfteren vor, daß die Beine an den Kopf gesetzt und parallel lang heruntergezogen sind, so daß der langgestreckte Rumpf zwischen den Beinen wohl als Rumpf gemeint sein könnte. Doch kann dieser langgestreckte offene Raum als Rumpf nur dann anerkannt werden, wenn er über dem Ende der Beine oder den evtl. gezeichneten Füßen durch einen Querstrich nach unten begrenzt ist."

21. Schultern deutlich erkennbar

Konkretisierung: „Die Schultern müssen deutlich erkennbar sein, d. h. die Schulterlinien müssen vom Hals annähernd waagerecht nach außen verlaufen und in einer deutlichen Rundung in die Arme übergehen. Weder Kastenformen mit 90° Winkeln noch seichte Rundungen werden als Schultern gewertet."

22. Arme, als Strich

23. Arme, plastisch

24. Arme, richtig angesetzt (s. Anmerkung)

„Bei einer En-face-Zeichnung muß der Arm genau an der Schulter angesetzt sein, bei einer Profilzeichnung muß er an der Stelle angesetzt sein, an der die Schulter anzunehmen ist".

Konkretisierung: „Der Arm darf nicht durch eine Linie vom Rumpf abgetrennt sein, es sei denn, es ist z. B. ein Pullunder o. Ä. erkennbar."

25. Ellbogen (deutlicher Winkel, wenigstens an einem Arm)

26. Hände, angedeutet (s. Anmerkung unter 31.)

27. Hände, deutlich ausgezeichnet

28. Finger, angedeutet (s. Anmerkung unter 31.)

29. Finger, plastisch

30. Finger, richtige Zahl

*31. Daumen, abgespreizt (s. Anmerkung)

„Hände und Finger, die etwas halten (z. B. Blumen, Spazierstock usw.), werden genau so bewertet wie die freien Hände oder Finger der Mann-Zeichnung. Halten beide Hände mit ihren Fingern etwas oder sind die Hände und Finger – oder in der Profilzeichnung die eine sichtbare Hand mit ihren Fingern – in den Taschen oder auf dem Rücken, so daß die Punkte für Hände und Finger nicht oder nicht richtig gezählt werden können, dann wird die gleiche Punktzahl, die sich für die Füße ergibt (einschließlich Punkt 51 und 52), auch für Hände und Finger gerechnet."

Konkretisierung: „Eine Hand ist auch dann angedeutet, wenn nur ein Kreis, oder ein Kreis mit Fingern (angedeutet oder plastisch) gezeichnet wurde. Hände deutlich ausgezeichnet ist gegeben, wenn deutlich ein Handteller zu erkennen ist, d. h. genügend Raum zwischen Arm und Fingern besteht. Zusätzlich müssen die Finger plastisch dargestellt sein."

*32. Beine

*33. Beine, plastisch

*34. Beine, richtig angesetzt (s. Anmerkung)

>*„Die Beine müssen schräg nach oben zusammenlaufen und müssen wenigstens da zusammenstoßen, wo sie am Körper angesetzt sind. Wo sie unter einer Jacke oder unter einem Mantel hervorkommen, müssen sie schräg aufeinanderzulaufen."*
>
>Konkretisierung: „Sind die Beine durch einen Rock oder Mantel komplett verdeckt, gibt es keine Punkte. Steht der Mensch mit geschlossenen Beinen (laufen deshalb nicht schräg aufeinander zu), so gibt es einen Punkt, wenn die Beine richtig mit dem Rumpf verbunden sind.
>
>Dieser Punkt wird nicht gegeben, wenn die Beine zwar schräg zusammenlaufen, aber direkt an Gürtel oder Taille ansetzen."

35. Knie (deutlicher Winkel, wenigstens an einem Bein)

36. Füße, angedeutet

37. Füße, plastisch (s. Anmerkung)

>*„Die plastische Zeichnung des Fußes kann nur dann anerkannt werden, wenn eine Fußform gezeichnet ist. Kreise oder sonstige Formen genügen nicht."*

38. Füße, mit Ferse oder Absatz (s. Anmerkung)

>*„Es werden hier alle möglichen Formen von Fersen und Absätzen (mit und ohne Schuh-Andeutung) gezeichnet. Gewertet wird jede deutliche Erhebung an der Stelle des Fußes, an der Ferse oder Absatz sein müssen, also auch der Absatz ohne sonstige Andeutung eines Schuhs."*

*39. Gesicht, en face (s. Anmerkung unter 40.)

*40. Gesicht, en face, plastisch und komplett (s. Anmerkung)

>*„Für den Punkt 39 genügt ein En-face-Gesicht mit allen Gesichtsteilen, plastisch oder nichtplastisch gezeichnet, ohne Kinn. – Der Punkt 40 erfordert dagegen ein En-face-Gesicht mit allen Gesichtsteilen, plastisch gezeichnet, das Kinn muß deutlich gezeichnet sein."*
>
>Konkretisierung: „Alle Gesichtsteile für Punkt 39 bedeutet: Augen, Augenbrauen oder Wimpern, Nase und Mund. Nicht erforderlich sind: Pupillen, Kinn und Ohren. (Bei Punkt 40 dürfen lediglich die Ohren fehlen)."

*41. Gesichtsprofil (s. Anmerkung unter 42.)

*42. Gesichtsprofil, plastisch und komplett (s. Anmerkung)

>*„Für den Punkt 41 genügt ein Gesichtsprofil mit allen Gesichtsteilen, plastisch oder nichtplastisch gezeichnet, Kinn oder Ohren dürfen fehlen.*
>*Der Punkt 42 erfordert dagegen ein Gesichtsprofil mit allen Gesichtsteilen, plastisch gezeichnet.*
>*Bei einem Mischprofil wird die doppelte Darstellung von Nase und Mund (en face und im Profil) und eine mehrfache Darstellung der Augen positiv mit den entsprechenden Punkten bewertet. Punkt 42 kann aber in keinem Fall gegeben werden."*

*43. Profilhaltung von Rumpf und Armen (nur, wenn Punkt 41 oder 42 gezeichnet ist)

*44. Profilhaltung von Beinen und Füßen (nur, wenn 41 oder 42 und 43 gezeichnet sind)

45. Kopfbedeckung, angedeutet

46. Kopfbedeckung mit Einzelheiten

47. Körperbekleidung, angedeutet (s. Anmerkung)

> *„Die Andeutung der Kleidung geschieht meist durch Knöpfe auf dem Rumpf und durch transparente Kleidung. Ein einzelner Punkt auf dem Rumpf soll im allgemeinen keinen Knopf, sondern den Nabel bedeuten."*

Konkretisierung: „Dieser Punkt ist ebenfalls erfüllt, wenn Kleidung erkennbar jedoch nicht transparent ist, aber deutliche Abgrenzungen zu Händen und Füßen enthält und/oder eine Trennlinie zwischen Oberkörper und Beinen gezeichnet ist. Sind Muster oder weitere Einzelheiten gegeben, werden auch Punkt 48 oder Punkt 49 gewertet."

*48. Hose, deutlich gezeichnet mit Einzelheiten, nicht transparent

Konkretisierung: „Deutliche Einzelheiten sind z. B.: Gürtel, Knopf + Reißverschluss, Hosenbund, Taschen, Muster."

*49. Rock, deutlich gezeichnet mit Einzelheiten, nicht transparent

Konkretisierung: „Deutliche Einzelheiten sind z. B.: Saumkante, Muster, Tasche.«

Kritik: „Ziler vergibt sowohl Punkt 48 als auch Punkt 49, wenn lediglich nur eine Hose oder nur ein Rock gezeichnet ist. Für eine/n gezeichnete/n Hose/Rock gibt es entweder Punkt 48 oder Punkt 49". (Weitere wichtige Anmerkungen hierzu siehe Kapitel 3.2.6.)

*50. Kragen, deutlich gezeichnet

Konkretisierung: „Eine einfache oder doppelte Abschlusslinie (Bündchen) eines Bekleidungsstückes am Hals ist kein Kragen. Als Kragen werden spitz zulaufende Jacken- oder Hemdkragen gewertet."

*51. Schuhe, angedeutet

Konkretisierung: „Schuhe werden erst dann als angedeutet gewertet, wenn ein Detail, z. B. Schnürsenkel, Markenetikett, Absatz usw. gezeichnet ist."

*52. Schuhe, deutlich mit Einzelheiten

(* siehe Kapitel 3.2.6 Aktualisierte Bewertungskriterien)

2.2 Protokollierung und Auswertung

Anhand der Punktzahl, die eine Menschenzeichnung aufgrund ihrer dargestellten Details erhält, kann ein „Mann-Zeichen-Alter" (MZA) berechnet werden. Dafür wird die erreichte Punktzahl durch 4 dividiert, da ein Kind, laut Ziler, pro Jahr 4 neue Details entwickelt. Zu der errechneten Zahl wird die Zahl 3 addiert, da ein Kind in den ersten drei Lebensjahren noch keinen Punkt der Tabelle zeichnet. Diese Summe ergibt dann das Mann-Zeichen-Alter:

$$\text{MZA} = (\text{Punktzahl} : 4) + 3$$

Das errechnete MZA kann dem Lebensalter (LA) des Kindes gegenüber gestellt werden, um eine erste Einschätzung des Entwicklungsstandes des Kindes zu erhalten.

Analog zum Intelligenzquotienten (nach den Verfahren von BINET) (vgl. BRICKENKAMP 2002) ermittelt ZILER durch folgende Rechnung einen Mann-Zeichen-Quotienten (MZQ):

$$MZQ = (MZA : LA) \times 100$$

Beispiel: Eine Zeichnung erhält 24 Punkte bei einem Lebensalter von 8 Jahren und 5 Monaten (dezimal: 8,42 Jahre). Daraus ergibt sich folgende Rechnung:

$$(24 : 4) + 3 \text{ Jahre} = 9 \text{ Jahre MZA}$$

$$(9 \text{ MZA} : 8,42 \text{ LA}) \times 100 = 107 \text{ MZQ}$$

Weitere Bewertungsbeispiele sind den Menschenzeichnungen im Anhang zu entnehmen.

Vergleichswerte für den anhand einer Zeichnung ermittelten MZQ zeigt die Tabelle 6, bei Verwendung der aktualisierten Bewertungskriterien (siehe Kapitel 3.2.6) Tabelle 11.

Aus den genannten Tabellen ist zu ersehen, dass der MZQ nicht für jede Altersstufe konstant 100 beträgt, sondern bei höherem Einstieg mit zunehmendem Alter abfällt. Diese Tendenz zeigte sich schon bei ZILER (Tabelle 7), der für Jungen und Mädchen getrennt für jede Altersstufe Mittelwerte berechnet hat, die zur Beurteilung/Einordnung eines Ergebnisses dienten. Diese Mittelwerte sind von uns anhand von 1.108 Zeichnungen 2001/02 neu berechnet worden.

3. Durchführung der Studie 2001/02

3.1 Auswahl und Beschreibung der Stichprobe

Um die Vergleichbarkeit unserer empirischen Studie mit den Untersuchungen ZILERS 1950 möglichst zu sichern, ist die im Folgenden angegebene Stichprobe weitgehend an die ursprüngliche Stichprobe von ZILER (1.651 Menschenzeichnungen, davon 736 von männlichen und 915 von weiblichen Kindern und Jugendlichen, verteilt auf die Altersstufen 4–14 Jahre) angenähert.

Die berücksichtigte Erhebungs-Grundgesamtheit, d. h. die Gesamtheit, aus der faktisch die Stichprobe gezogen wurde, ist auf die Kinder beschränkt, die zur Zeit unserer Untersuchung 2001/02 Kindergärten, Grund-, Gesamt-, Haupt-, Realschulen oder Gymnasien in Nordrhein-Westfalen besuchten.

Anhaltspunkte der Stichprobenauswahl gaben die Daten des Statistischen Bundesamtes über die Anzahl der Kindergartenkinder und der Verteilung der SchülerInnen auf die verschiedenen Schulformen für das Schuljahr 2000/01 in NRW. In Anlehnung an eine Quotenauswahl (der bewussten Auswahl zugehörig) spiegelt unsere empirische Studie bestimmte Quoten von Merkmalen, bezogen auf Geschlecht und Kindergarten/ Schulform in der jeweiligen Altersstufe wider, um die Grundgesamtheit möglichst genau repräsentieren zu können.

Insgesamt nahmen 12 Städte in NRW (17.000 – 570.000 Einw.) durch ihren positiven Rücklauf von insgesamt 1.125 Menschenzeichnungen in folgender Aufteilung an der empirischen Studie teil:

Tabelle 1: Verteilung der Stichprobe innerhalb der Studie 2001/02

Einrichtung	Insgesamt	männlich	weiblich
Kindergärten	264	135	129
Grundschulen	337	169	168
Gesamtschulen	94	48	46
Hauptschulen	110	58	52
Realschulen	155	90	65
Gymnasien	165	74	91
Summe	**1.125**	**574**	**551**

17 Zeichnungen der drei und vier Jahre alten Kinder zeigten Kritzelgebilde, aber noch keine zu bewertenden menschlichen Darstellungen. Somit reduziert sich die Gesamtzahl aller Zeichnungen in den folgenden Tabellen auf 1.108.

3.2 Beschreibung und Interpretation der Ergebnisse

Die folgende **Gesamttabelle** zeigt einen ersten Überblick über die Ergebnisse der Studie 2001/02 und die sich daraus ergebenden neuen Vergleichswerte.

Tabelle 2: Altersgemäße Verteilung der MZ-Punkte innerhalb der Stichprobe 2001/2002 in %

Alter	3	4	5	6	7	8	9	10	11	12	13	14	Ges.
Anzahl	27	68	104	96	77	74	86	114	162	175	108	17	1.108
Punkt	%	%	%	%	%	%	%	%	%	%	%	%	%
1 Kopf	96,3	100	99	100	100	100	100	100	100	100	100	100	99,8
2 Kopfgröße	–	2,9	6,7	14,6	13	14,9	24,4	21,1	19,8	23,4	21,3	29,4	17,1
3 Kopfhaar, angedeutet	44,4	48,5	72,1	83,3	94,8	90,5	96,5	96,5	93,2	94,9	95,4	88,2	87,4
4 Kopfhaar, deutlich	–	–	1	2,1	–	–	11,6	16,7	30,9	42,3	41,7	41,2	18,8
5 Augen	81,5	94,1	99	99	98,7	100	100	100	99,4	98,9	100	94,1	98,6
6 Pupille	3,7	4,4	12,5	22,9	42,9	48,6	67,4	71,9	80,2	76	89,8	76,5	56
7 Augenbrauen	3,7	7,4	12,5	22,9	23,4	24,3	51,2	52,6	55,6	71,4	83,3	82,4	45,1
8 Nase, angedeutet	37	80,9	81,7	90,6	89,6	93,2	95,3	96,5	96,9	99,4	98,1	94,1	92,1
9 Nase, plastisch	–	7,4	10,6	12,5	32,5	44,6	70,9	77,2	83,3	78,9	79,6	82,4	54,9
10 Mund, angedeutet	66,7	80,9	94,2	97,9	100	98,6	100	99,1	98,1	100	98,1	100	96,7

Alter	3	4	5	6	7	8	9	10	11	12	13	14	Ges.
Anzahl	27	68	104	96	77	74	86	114	162	175	108	17	1.108
Punkt	%	%	%	%	%	%	%	%	%	%	%	%	%
11 Mund, plastisch	–	9,9	22,1	22,9	40,3	47,3	67,4	73,7	74,7	81,7	73,1	76,5	55,5
12 Lippen, deutlich	–	–	1	3,1	5,2	8,1	23,3	29,8	37,7	34,9	50	47,1	22,7
13 Kinn	–	–	–	1	–	–	9,3	14	16,7	24	25,9	17,6	11,3
14 Ohren, angedeutet	14,8	16,2	20,2	25	31,2	44,6	43	44,7	54,3	51,4	58,3	58,8	41,2
15 Ohren, plastisch	–	2,9	6,7	6,3	13	13,5	19,8	24,6	29,6	27,4	33,3	35,3	19,7
16 Hals, angedeutet	3,7	19,1	30,8	52,1	72,7	67,6	82,6	92,1	93,2	89,7	96,3	94,1	72,7
17 Hals, plastisch	3,7	16,2	25	47,9	68,8	68,9	81,4	92,1	92	89,7	95,4	94,1	71,1
18 Hals, richtig verbunden	–	–	4,8	12,5	23,4	37,8	59,3	74,6	69,8	77,1	84,3	88,2	49,9
19 Rumpf	48,1	66,2	93,3	94,8	100	97,3	100	98,2	99,4	99,4	100	100	95
20 Rumpf, plastisch	29,6	29,4	54,8	62,5	83,1	79,7	90,7	95,6	93,2	95,4	97,2	100	80,8
21 Schultern, deutlich	–	–	2,9	3,1	7,8	8,1	26,7	40,4	38,3	40	52,8	47,1	25,6
22 Arme	14,8	79,4	87,5	97,9	100	97,3	100	100	99,4	100	100	100	95
23 Arme, plastisch	–	20,6	39,4	76	94,8	94,6	98,8	99,1	98,1	99,4	100	100	83,7
24 Arme, richtig anged.	–	–	–	2,1	18,2	32,4	59,3	43,9	63	70,3	80,6	76,5	42,1
25 Ellbogen	–	–	–	–	–	–	4,7	7	9,9	12	9,3	–	5,3
26 Hände, angedeutet	7,4	39,7	29,8	39,6	62,3	66,2	81,4	82,5	87	83,4	89,9	88,2	68,4
27 Hände, deutlich	–	–	–	2,1	5,2	5,4	16,3	26,3	34,6	36	31,5	29,4	19,1
28 Finger, angedeutet	11,1	47,1	68,3	74	88,3	90,5	95,3	94,7	93,2	95,4	90,7	88,2	84,2
29 Finger, plastisch	–	20,6	24	51	75,3	78,4	94,2	93,9	88,3	93,7	90,7	76,5	73,1
30 Finger, komplett	3,7	11,8	31,7	38,5	72,7	67,6	80,2	83,3	78,4	83,4	75,9	64,7	64,5
31 Daumen, abgespreizt	–	–	–	–	1,3	–	3,5	7	14,8	12,6	10,2	23,5	6,6
32 Beine	63	94,1	93,3	93,8	90,9	94,6	93	95,6	91,4	91,4	97,2	100	92,7
33 Beine, plastisch	11,1	19,1	38,5	65,6	83,1	90,5	89,5	95,6	90,7	92	97,2	100	78,2
34 Beine, richtig anged.	–	–	–	4,2	10,4	14,9	30,2	38,6	45,7	53,1	62	76,5	30,7
35 Knie	–	–	–	–	–	–	1,2	3,5	1,2	1,7	0,9	–	1
36 Füße, angedeutet	37	66,2	75	89,6	92,2	93,2	96,5	92,1	95,1	93,7	89,8	94,1	88,3
37 Füße, plastisch	–	1,5	11,5	30,2	55,8	73	73,3	81,6	86,4	81,7	78,7	76,5	61
38 Füße, Ferse/Absatz	–	–	1	7,3	10,4	12,2	18,6	21,1	32,1	26,9	23,1	5,9	17,1
39 Gesicht, en face	–	4,4	8,7	20,8	19,5	18,9	44,2	45,6	54,3	70,3	79,6	82,4	41,7
40 Gesicht, komplett	–	–	–	–	–	–	1,2	2,6	3,1	13,7	20,4	17,6	5,2
41 Gesichtsprofil	–	–	–	–	–	–	–	2,6	2,5	1,7	–	–	0,9
42 Ges.profil, komplett	–	–	–	–	–	–	–	–	1,2	1,1	–	–	0,4
43 Profil Rumpf/Arme	–	–	–	–	–	–	–	–	1,8	1,2	1,1	–	0,5
44 Profil Bein/Fuß	–	–	–	–	–	–	–	–	1,8	1,2	1,1	–	0,5
45 Kopfbedeck., anged.	–	1,5	4,8	4,2	3,9	17,6	4,7	6,1	6,8	6,3	4,6	11,8	6
46 Kopfbedeck., deutlich	–	–	–	–	–	–	–	1,8	2,5	1,1	0,9	–	0,8
47 Körperbekleidung	–	2,9	9,6	37,5	51,9	50	88,4	80,7	88,3	88	89,8	94,1	63,4
48 Hose, deutlich	–	–	1	–	5,2	6,8	14	24,6	25,9	44	50	76,5	21,3
49 Rock, deutlich	–	–	1,9	1	2,6	4,1	20,9	7,9	11,7	13,7	14,8	–	8,5
50 Kragen, deutlich	–	–	–	–	2,6	2,7	2,3	5,3	1,2	5,1	3,7	–	2,4
51 Schuhe, angedeutet	–	–	4,8	8,3	20,8	27	50	50	63,6	65,1	62	58,8	40
52 Schuhe, deutlich	–	–	–	–	–	–	4,7	8,8	8,6	16,6	14,8	11,8	6,8

17

3.2.1 Geschlechtsspezifische Darstellung der Entwicklungsmerkmale

In Anlehnung an die Darstellung von ZILER geben die nachfolgenden Tabellen die prozentuale Häufigkeit der 2001/02 gezeichneten Details innerhalb der Menschenzeichnung in Bezug auf Lebensjahr und Geschlecht der 3- bis 14-jährigen Kinder an.

Tabelle 3: Altersgemäße Verteilung der MZ-Punkte der Mädchen 2001/2002 in %

Alter	3	4	5	6	7	8	9	10	11	12	13	14	Ges.
Anzahl Mädchen	13	32	55	55	41	31	41	58	78	84	53	7	548
Punkt	%	%	%	%	%	%	%	%	%	%	%	%	%
1 Kopf	100	100	100	100	100	100	100	100	100	100	100	100	100
2 Kopfgröße	–	3,1	3,6	12,7	12,2	12,9	14,6	12,1	7,7	10,7	11,3	42,9	10,2
3 Kopfhaar, angedeutet	38,5	65,6	80	89,1	97,6	96,8	97,6	98,3	100	98,8	100	100	92,5
4 Kopfhaar, deutlich	–	–	–	1,8	–	–	22	25,9	46,2	54,8	67,9	71,4	27
5 Augen	84,6	100	100	98,2	100	100	100	100	100	98,8	100	100	99,3
6 Pupille	7,7	6,3	20	25,5	56,1	41,9	80,5	75,9	80,8	83,3	98,1	85,7	60,6
7 Augenbrauen	–	12,5	18,2	36,4	34,1	32,3	68,3	60,3	67,9	78,6	88,7	100	53,6
8 Nase, angedeutet	46,2	96,9	85,5	89,1	95,1	93,5	100	96,6	98,7	100	100	85,7	93,1
9 Nase, plastisch	–	12,5	10,9	10,9	41,5	61,3	82,9	75,9	88,5	84,5	86,8	71,4	58,6
10 Mund, angedeutet	84,6	90,6	96,4	96,4	100	100	100	98,3	100	100	98,1	100	98
11 Mund, plastisch	–	12,5	30,9	29,1	39	51,6	73,2	74,1	76,9	84,5	92,5	85,7	59,9
12 Lippen, deutlich	–	–	1,8	5,5	9,8	16,1	43,9	43,1	55,1	54,8	75,5	71,4	34,7
13 Kinn	–	–	–	1,8	–	–	12,2	8,6	20,5	25	30,2	14,3	11,9
14 Ohren, angedeutet	23,1	25	14,5	16,4	9,8	29	29,3	22,4	32,1	26,2	37,7	42,9	24,8
15 Ohren, plastisch	–	6,3	3,6	5,5	4,9	16,1	14,6	6,9	14,1	9,5	24,5	14,3	10,4
16 Hals, angedeutet	–	28,1	34,5	50,9	73,2	74,2	92,7	94,8	97,4	92,9	100	100	75,9
17 Hals, plastisch	–	21,9	29,1	45,5	70,7	74,2	92,7	94,8	97,4	92,9	100	100	74
18 Hals, richtig verbunden	–	–	5,5	12,7	34,1	54,8	75,6	77,6	82,1	81	94,3	100	55,8
19 Rumpf	46,2	71,9	96,4	94,5	100	96,8	100	96,6	98,7	98,8	100	100	95,3
20 Rumpf, plastisch	23,1	37,5	58,2	70,9	92,7	87,1	95,1	96,6	96,2	100	96,2	100	84,5
21 Schultern, deutlich	–	–	3,6	1,8	12,2	6,5	36,6	46,6	46,2	44	64,2	42,9	29,6
22 Arme	15,4	81,3	90,9	98,2	100	96,8	100	100	98,7	100	100	100	95,4
23 Arme, plastisch	–	34,4	45,5	78,2	97,6	96,8	100	100	97,4	100	100	100	85,4
24 Arme, richtig anged.	–	–	–	–	22	48,4	78	60,3	70,5	77,4	96,2	71,4	48,7
25 Ellbogen	–	–	–	–	–	–	7,3	6,9	10,3	9,5	11,3	–	5,3
26 Hände, angedeutet	15,4	43,8	32,7	41,8	65,9	77,4	95,1	87,9	88,5	85,7	92,5	100	72,1
27 Hände, deutlich	–	–	–	3,6	9,8	6,5	26,8	25,9	38,5	39,3	35,8	28,6	21,6
28 Finger, angedeutet	7,7	59,4	69,1	70,9	82,9	93,5	95,1	93,1	88,5	97,6	86,8	85,7	83,2
29 Finger, plastisch	–	34,4	32,7	52,7	82,9	90,3	95,1	89,7	83,3	95,2	84,9	57,1	73,9
30 Finger, komplett	7,7	15,6	27,3	32,7	63,4	61,3	90,2	79,3	74,4	83,3	73,6	57,1	61,7
31 Daumen, abgespreizt	–	–	–	–	–	–	4,9	5,2	16,7	13,1	9,4	28,6	6,6
32 Beine	61,5	93,8	92,7	89,1	85,4	90,3	90,2	91,4	83,3	84,5	96,2	100	88,5
33 Beine, plastisch	15,4	34,4	47,3	65,5	80,5	90,3	90,2	93,1	83,3	85,7	96,2	100	77
34 Beine, richtig anged.	–	–	–	5,5	14,6	22,6	34,1	43,1	43,6	45,2	62,3	85,7	30,3
35 Knie	–	–	–	–	–	–	2,4	1,7	–	2,4	1,9	–	0,9

Alter	3	4	5	6	7	8	9	10	11	12	13	14	Ges.
Anzahl Mädchen	13	32	55	55	41	31	41	58	78	84	53	7	548
Punkt	%	%	%	%	%	%	%	%	%	%	%	%	%
36 Füße, angedeutet	30,8	68,8	70,9	87,3	92,7	93,5	97,6	89,7	93,6	91,7	88,7	100	86,9
37 Füße, plastisch	–	3,1	10,9	34,5	53,7	80,6	78	79,3	84,6	78,6	77,4	85,7	60,2
38 Füße, Ferse/Absatz	–	–	1,8	10,9	19,5	25,8	24,4	25,9	44,9	40,5	32,1	14,3	24,6
39 Gesicht, en face	–	9,4	12,7	32,7	34,1	29	61	48,3	61,5	76,2	88,7	85,7	49
40 Gesicht, komplett	–	–	–	–	–	–	2,4	–	2,6	19	28,3	14,3	6,4
41 Gesichtsprofil	–	–	–	–	–	–	–	3,4	3,8	–	–	–	0,9
42 Ges.profil, komplett	–	–	–	–	–	–	–	–	2,6	–	–	–	0,4
43 Profil Rumpf/Arme	–	–	–	–	–	–	–	–	1,3	–	–	–	0,2
44 Profil Bein/Fuß	–	–	–	–	–	–	–	–	1,3	–	–	–	0,2
45 Kopfbedeck., anged.	–	3,1	7,3	5,5	4,9	9,7	–	5,2	5,1	2,4	1,9	–	4,2
46 Kopfbedeck., deutlich	–	–	–	–	–	–	–	3,4	2,6	–	1,9	–	0,9
47 Körperbekleidung	–	6,3	16,4	49,1	61	58,1	95,1	91,4	93,6	91,7	98,1	100	69,7
48 Hose, deutlich	–	–	1,8	–	2,4	9,7	9,8	19	20,5	36,9	43,4	85,7	17,5
49 Rock, deutlich	–	–	3,6	1,8	4,9	9,7	41,5	15,5	23,1	26,2	30,2	–	16,4
50 Kragen, deutlich	–	–	–	–	2,4	6,5	4,9	6,9	2,6	3,6	1,9	–	2,7
51 Schuhe, angedeutet	–	–	7,3	12,7	26,8	38,7	61	44,8	70,5	65,5	64,2	57,1	42,5
52 Schuhe, deutlich	–	–	–	–	–	–	4,9	10,3	7,7	10,7	9,4	14,3	5,3

Tabelle 4: Altersgemäße Verteilung der MZ-Punkte der Jungen 2001/2002 in %

Alter	3	4	5	6	7	8	9	10	11	12	13	14	Ges.
Anzahl Jungen	14	36	49	41	36	43	45	56	84	91	55	10	560
Punkt	%	%	%	%	%	%	%	%	%	%	%	%	%
1 Kopf	92,9	100	98	100	100	100	100	100	100	100	100	100	99,6
2 Kopfgröße	–	2,7	10,2	17,1	13,9	16,3	33,3	30,4	31	35,2	30,9	20	23,9
3 Kopfhaar, angedeutet	50	33,3	63,3	75,6	91,7	86	95,6	94,6	86,9	91,2	90,9	80	82,3
4 Kopfhaar, deutlich	–	–	2	2,4	–	–	2,2	7,1	16,7	30,8	16,4	20	10,7
5 Augen	78,6	88,9	98	100	97,2	100	100	100	98,8	98,9	100	90	97,9
6 Pupille	–	2,7	4,1	19,5	27,8	53,5	55,6	67,9	79,8	69,2	81,8	70	51,6
7 Augenbrauen	7,1	2,7	6,1	4,9	11,1	18,6	35,6	44,6	44	64,8	78,2	70	36,8
8 Nase, angedeutet	28,6	66,7	77,6	92,7	83,3	93	91,1	96,4	95,2	98,9	96,4	100	89,6
9 Nase, plastisch	–	2,7	10,2	14,6	22,2	32,6	60	78,6	78,6	73,6	72,7	90	51,3
10 Mund, angedeutet	50	72,2	91,8	100	100	97,7	100	100	96,4	100	98,2	100	95,4
11 Mund, plastisch	–	5,5	12,2	14,6	41,7	44,2	62,2	73,2	72,6	79,1	54,4	70	51,3
12 Lippen, deutlich	–	–	–	–	–	2,3	4,4	16,1	21,4	16,5	25,5	30	11,1
13 Kinn	–	–	–	–	–	–	6,7	19,6	13,1	23,1	21,8	20	10,7
14 Ohren, angedeutet	7,1	8,3	26,5	36,6	55,6	55,8	55,6	67,9	75	74,7	78,2	70	57,1
15 Ohren, plastisch	–	–	10,2	7,3	22,2	11,6	24,4	42,9	44	44	41,8	50	28,8
16 Hals, angedeutet	7,1	11,1	26,5	53,7	72,2	62,8	73,3	89,3	89,3	86,8	92,7	90	69,6
17 Hals, plastisch	7,1	11,1	20,4	51,2	66,7	65,1	71,1	89,3	86,9	86,8	90,9	90	68
18 Hals, richtig verbunden	–	–	4,1	12,2	11,1	25,6	44,4	71,4	58,3	73,6	74,5	80	44,1
19 Rumpf	50	61,1	89,8	95,1	100	97,7	100	100	100	100	100	100	94,8
20 Rumpf, plastisch	35,7	22,2	51	51,2	72,2	74,4	86,7	94,6	90,5	91,2	98,2	100	77,1

19

Alter	3	4	5	6	7	8	9	10	11	12	13	14	Ges.
Anzahl Jungen	14	36	49	41	36	43	45	56	84	91	55	10	560
Punkt	%	%	%	%	%	%	%	%	%	%	%	%	%
21 Schultern, deutlich	–	–	2	4,9	2,8	9,3	17,8	33,9	31	36,3	41,8	50	21,8
22 Arme	14,3	77,8	83,7	97,6	100	97,7	100	100	100	100	100	100	94,6
23 Arme, plastisch	–	8,3	32,7	73,2	91,7	93	97,8	98,2	98,8	98,9	100	100	82
24 Arme, richtig anged.	–	–	–	4,9	13,9	20,9	42,2	26,8	56	63,7	65,5	80	35,5
25 Ellbogen	–	–	–	–	–	–	2,2	7,1	9,5	14,3	7,3	–	5,4
26 Hände, angedeutet	–	36,1	26,5	36,6	58,3	58,1	68,9	76,8	85,7	81,3	87,3	80	64,8
27 Hände, deutlich	–	–	–	–	–	4,7	6,7	26,8	31	33	27,3	30	16,8
28 Finger, angedeutet	14,3	36,1	67,3	78	94,4	88,4	95,6	96,4	97,6	93,4	94,5	90	85,2
29 Finger, plastisch	–	8,3	14,3	48,8	66,7	69,8	93,3	98,2	92,9	92,3	96,4	90	72,3
30 Finger, komplett	–	8,3	36,7	46,3	83,3	72,1	71,1	87,5	82,1	83,5	78,2	70	67,3
31 Daumen, abgespreizt	–	–	–	–	2,8	–	2,2	8,9	13,1	12,1	10,9	20	6,6
32 Beine	64,3	94,4	93,9	100	97,2	97,7	95,6	100	98,8	97,8	98,2	100	96,8
33 Beine, plastisch	7,1	5,6	28,6	65,9	86,1	90,7	88,9	98,2	97,6	97,8	98,2	100	79,3
34 Beine, richtig anged.	–	–	–	2,4	5,6	9,3	26,7	33,9	47,6	60,4	61,8	70	31,1
35 Knie	–	–	–	–	–	–	–	5,4	2,4	1,1	–	–	1,1
36 Füße, angedeutet	42,9	63,9	79,6	92,7	91,7	93	95,6	94,6	96,4	95,6	90,9	90	89,6
37 Füße, plastisch	–	–	12,2	24,4	58,3	67,4	68,9	83,9	88,1	84,6	80	70	61,8
38 Füße, Ferse/Absatz	–	–	–	2,4	–	2,3	13,3	16,1	20,2	14,3	14,5	–	9,8
39 Gesicht, en face	–	–	4,1	4,9	2,8	11,6	28,9	42,9	47,6	64,8	70,9	80	34,5
40 Gesicht, komplett	–	–	–	–	–	–	–	5,4	3,6	8,8	12,7	20	4,1
41 Gesichtsprofil	–	–	–	–	–	–	–	1,8	1,2	3,3	–	–	0,9
42 Ges.profil, komplett	–	–	–	–	–	–	–	–	–	2,2	–	–	0,4
43 Profil Rumpf/Arme	–	–	–	–	–	–	–	3,6	1,2	2,2	–	–	0,9
44 Profil Bein/Fuß	–	–	–	–	–	–	–	3,6	1,2	2,2	–	–	0,9
45 Kopfbedeck., anged.	–	–	2	2,4	2,8	23,3	8,9	7,1	8,3	9,9	7,3	20	7,7
46 Kopfbedeck., deutlich	–	–	–	–	–	–	–	–	2,4	2,2	–	–	0,7
47 Körperbekleidung	–	–	2	22	41,7	44,2	82,2	69,6	83,3	84,6	81,8	90	57,3
48 Hose, deutlich	–	–	–	–	8,3	4,7	17,8	30,4	31	50,5	56,4	70	25
49 Rock, deutlich	–	–	–	–	–	–	2,2	–	1,2	2,2	–	–	0,7
50 Kragen, deutlich	–	–	–	–	2,8	–	–	3,6	–	6,6	5,5	–	2,1
51 Schuhe, angedeutet	–	–	2	2,4	13,9	18,6	40	55,4	57,1	64,8	60	60	37,5
52 Schuhe, deutlich	–	–	–	–	–	–	4,4	7,1	9,5	22	20	10	8,2

Die geschlechtsspezifischen Tabellen von ZILER 1950 zeigen einige Differenzen zu den oben dargestellten Ergebnissen.

Die Präferenzen der Mädchen zu einer deutlicheren Darstellung der Gesichtsmerkmale in der Studie 2001/02 zeigt die Tabelle von ZILER lediglich in den Punkten 3 und 4 (Haare) bis zum 11. Lebensjahr, in Punkt 7 (Augenbrauen/Wimpern) und in Punkt 12 (Lippen) ab dem Alter von 10 Jahren. Weder die Überlegenheit der Mädchen in der Darstellung der Bereiche Hals/Rumpf, noch die Überlegenheit der Jungen in der Darstellung der Beine ist 1950 nachzuweisen.

Ein weiterer Unterschied liegt in der Häufigkeit von Profilzeichnungen. Diese sind 1950 bei den Mädchen mit 12/13 Jahren und den Jungen mit 14 Jahren in über 40% der Zeichnungen vorhanden. Das Ergebnis 2001/02 zeigt jedoch kaum Profilzeichnungen.

Vergleicht man die Verteilung der MZ-Punkte (Gesamtzahlen) der Jungen und der Mädchen von 2001/02, so fällt auf, dass sie sich in der gemalten Häufigkeit in einigen Punkten deutlich unterscheiden.

Mit Hilfe statistischer Berechnungen wurde für beide Tabellen ermittelt, in welchen Bereichen die gemalte Häufigkeit der einzelnen Punkte mit 99%iger Wahrscheinlichkeit liegen würde, wenn eine größere Stichprobe (die wahre Wahrscheinlichkeit) vorgelegen hätte. Vergleicht man diese Bereiche der Jungen mit denen der Mädchen, so kann man erkennen, ob die festgestellten Unterschiede in den Häufigkeiten signifikant sind oder zufällig bedingt sein können. Sehr signifikante Unterschiede haben sich in folgenden Punkten ergeben:

Tabelle 5: Vergleich der Wahrscheinlichkeitsbereiche in % der Jungen und Mädchen bei 99%igem Vertrauensniveau

Punkte	Wahrscheinlichkeitsbereiche in % bei 99%igem Vertrauensniveau	
	Jungen	Mädchen
2. Kopf, richtige Proportion	zw. 19,8% und 28,4%	zw. 7,4% und 13,6%
3. Kopfhaar, angedeutet	zw. 78,3% und 85,9%	zw. 89,5% und 94,9%
4. Kopfhaar, deutlich	zw. 7,9% und 14,1%	zw. 22,7% und 31,7%
7. Augenbrauen	zw. 32,1% und 41,7%	zw. 48,6% und 58,7%
12. Lippen, deutlich	zw. 8,2% und 14,5%	zw. 30,0% und 39,6%
14. Ohren, angedeutet	zw. 52,2% und 62,0%	zw. 20,6% und 29,4%
15. Ohren, plastisch	zw. 24,4% und 33,4%	zw. 7,6% und 13,8%
18. Hals, richtig verbunden	zw. 39,2% und 49,1%	zw. 50,8% und 60,8%
24. Arme, richtig angesetzt	zw. 30,9% und 40,4%	zw. 43,7% und 53,8%
32. Beine	zw. 94,6% und 98,3%	zw. 85,0% und 91,5%
38. Füße, mit Ferse/Absatz	zw. 7,1% und 13,1%	zw. 20,5% und 29,2%
39. Gesicht, en face	zw. 29,8% und 39,3%	zw. 44,1% und 54,1%
47. Körperbekleidung, angedeutet	zw. 52,3% und 62,2%	zw. 64,9% und 74,2%
49. Rock, deutlich mit Einzelheiten	zw. 0,2% und 2,1%	zw. 12,9% und 20,4%

Aus der Tabelle lässt sich ersehen, dass sich die Bereiche, in denen die wahren Häufigkeiten der einzelnen Punkte mit 99%iger Wahrscheinlichkeit liegen, bei den dargestellten Punkten der Jungen und Mädchen nicht überschneiden und sich somit signifikant unterscheiden.

Besonders deutlich ist dies in den Punkten 4 (Kopfhaar, deutlich), 12 (Lippen, deutlich gezeichnet), 14 (Ohren, angedeutet) und 15 (Ohren, plastisch) und 49 (Rock). Kopfhaar und deutlich gezeichnete Lippen scheinen bei den Mädchen von besonderer Bedeutung zu sein, bei den Jungen hingegen die Ohren. Die Überlegenheit der Jungen bei der Zeichnung der Ohren hängt aber auch damit zusammen, dass die Mädchen oft lange Haare und somit keine Ohren gezeichnet haben. Der große Unterschied im Punkt 49 (Rock) lässt sich dadurch erklären, dass wir ihn als Beinbekleidung gewertet haben (nicht als Oberteil, siehe Kapitel 3.2.6) und er somit als typisch weibliches Bekleidungsstück überwiegend von den Mädchen gezeichnet wurde.

Die Punkte 2 (Kopf), 14 (Ohren, angedeutet), 15 (Ohren, plastisch) und 32 (Beine) werden von den Jungen signifikant häufiger gezeichnet, alle weiteren Punkte der Tabelle 5 zeigen eine deutliche Signifikanz zu Gunsten der Mädchen.

Interessanterweise hob schon ZILER 1950 einen Vorsprung der Mädchen in der Darstellung der Haare (Punkte 3 und 4) sowie in der Darstellung der Augenbrauen (Punkt 7) hervor, bei den Jungen betonte er die stärkere und stetigere Entwicklung in der Darstellung der Ohren.

3.2.2 Die durchschnittlichen Mann-Zeichen-Quotienten

Die durchschnittlichen MZ-Quotienten 2001/02 und 1950, aufgeteilt nach Lebensjahren und Geschlecht, ergeben folgende Verteilung:

Tabelle 6: Mittelwerte MZQ 2001/02

Alter	♂	♀	♂		♀	
	Anzahl n		durch-schnittl. MZQ	Standard-abweichung σ	durch-schnittl. MZQ	Standard-abweichung σ
3	14	13	120,4	± 12,9	125,6	± 17,4
4	36	32	114,3	± 18,8	133,5	± 21,5
5	49	55	107,2	± 13,2	117,5	± 14,7
6	41	55	107,4	± 15,7	111,6	± 14,0
7	36	41	103,4	± 9,6	110,2	± 15,5
8	43	31	96,1	± 12,9	102,4	± 12,5
9	45	41	93,9	± 10,3	105,4	± 10,7
10	56	58	92,9	± 12,2	93,6	± 10,0
11	84	78	86,8	± 10,3	89,3	± 10,1
12	91	84	82,8	± 10,1	84,4	± 9,6
13	55	53	77,2	± 11,0	82,4	± 8,1
14	10	7	72,5	± 8,1	75,6	± 4,8

Tabelle 7: Mittelwerte MZQ 1950

Alter	♂	♀	♂	♀
	Anzahl n		durch-schnittl. MZQ	durch-schnittl. MZQ
4	20	20	111	120
5	76	56	110	119
6	70	79	106	108
7	64	167	104	100
8	66	149	103	100
9	79	112	99	99
10	105	112	98	97
11	122	85	91	90
12	63	75	93	92
13	42	33	92	94
14	29	27	86	83

Aus der Studie 2001/02 lassen sich, im Gegensatz zu den Ergebnissen von 1950, deutlichere Unterschiede zwischen den durchschnittlichen MZ-Quotienten der Jungen und Mädchen erkennen. Die durchschnittlichen MZ-Quotienten der Mädchen von 2001/02 liegen konstant über den Werten der Jungen. Insgesamt nehmen die MZ-Quotienten von 2001/02 bei höherem Anfangswert mit zunehmendem Alter der Kinder deutlicher ab als noch 1950.

Dieses könnte damit zusammenhängen, dass die Menschenzeichnungen in der heutigen Zeit ca. ab dem 10. Lebensjahr eine Tendenz zur Übertreibung und Karikierung auf Kosten detaillierter und gegenstandsgebundener Zeichnungen aufweisen.

Als weiterer Grund ist anzuführen: Aus dem Testhandbuch von ZILER geht hervor, dass ein Kind maximal 50 Punkte mit einer Profilzeichnung erreichen kann. So muss ein 4 Jahre altes Kind lediglich 4 dieser 50 Merkmale in seine Zeichnung einbringen, um das seinem Lebensalter entsprechende MZA (und damit einen MZQ von 100) zu erreichen. Ein 13-jähriger Jugendlicher muss hingegen schon 40 dieser Merkmale umsetzen. Berücksichtigt man die Merkmale nicht, die alle 13 Jahre alten Jugendlichen mit einer Häufigkeit von unter 10 % gezeichnet haben, wie Punkt 25 (Ellbogen), 35 (Knie), 41 bis 44 (Profilzeichnung), 45+46 (Kopfbedeckung) und 50 (Kragen), so reduziert sich die maximal zu erreichende Punktzahl auf 41. Das Angebot der noch zu zeichnenden Merkmale reduziert sich daher deutlich mit steigendem Lebensalter und somit auch die Möglichkeit, höhere MZ-Quotienten zu erlangen.

Zur besseren Veranschaulichung sind im Folgenden die durchschnittlichen MZ-Quotienten ± der zugehörigen Standardabweichung aus Tabelle 6 grafisch dargestellt.

Grafik 1 und 2: Grafische Darstellung der durchschnittlichen MZ-Quotienten ± ihrer jeweiligen Standardabweichung von 2001/02, getrennt nach Jungen und Mädchen

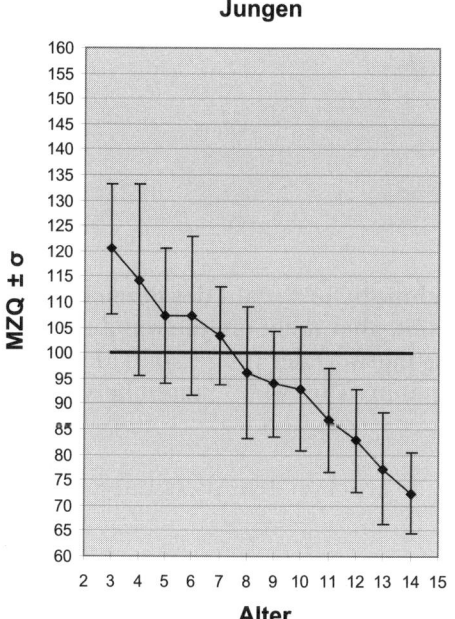

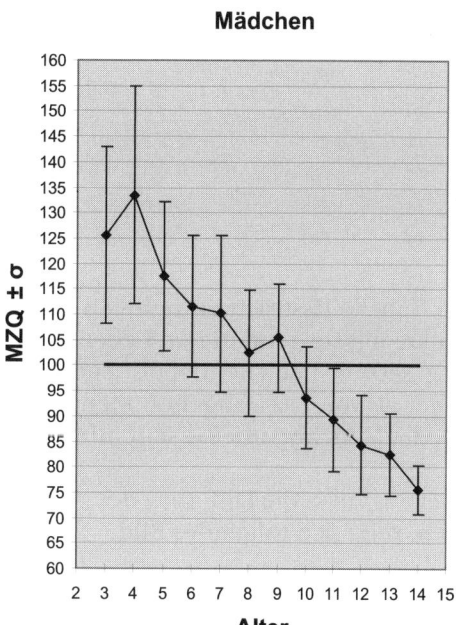

3.2.3 Untersuchung über den Zuwachs der Zeichendetails innerhalb der Stichprobe

Bei der Berechnung des MZ-Quotienten setzt ZILER voraus, dass ein Kind mit jedem Lebensjahr (ab einem Alter von 4 Jahren) 4 neue Zeichendetails entwickelt und in seinen Menschenzeichnungen umsetzt.

Wie unter 3.2.2 zu ersehen ist, fallen die mittleren MZ-Quotienten mit steigendem Lebensalter der Kinder in unserer Studie 2001/02 stetig ab und weisen eine deutliche Verschiebung zu den Ergebnissen von 1950 auf. Dies lässt vermuten, dass sich eine Veränderung in der von ZILER angenommenen Entwicklung von 4 Zeichendetails pro Jahr vollzogen hat.

Alter	Jungen			Mädchen		
	durchschnitt-licher MZQ	durchschnitt-liches MZA	durchschnittliche Anzahl gezeichne-ter Punkte	durchschnitt-licher MZQ	durchschnitt-liches MZA	durchschnittliche Anzahl gezeichne-ter Punkte
4	114,3	4,6	6,3	133,5	5,3	9,4
5	107,2	5,4	9,4	117,5	5,9	11,5
6	107,4	6,4	13,8	111,6	6,7	14,8
7	103,4	7,2	17,0	110,2	7,7	18,9
8	96,1	7,7	18,8	102,4	8,2	20,8
9	93,9	8,5	21,8	105,4	9,5	25,9
10	92,9	9,3	25,2	93,6	9,4	25,4
11	86,8	9,5	26,2	89,3	9,8	27,3
12	82,8	9,9	27,7	84,4	10,1	28,5
13	77,2	10,0	28,1	82,4	10,7	30,8
14	72,5	10,2	28,6	75,6	10,6	30,3

Der Tabelle lässt sich entnehmen, dass die durchschnittliche Anzahl der gezeichneten Punkte mit steigendendem Lebensalter zwar zunimmt, aber nicht um die von ZILER vorausgesetzten 4 Zeichendetails. Zudem liegt der Ausgangswert der Jungen und Mädchen höher als von ZILER angenommen: die Jungen steigen im Alter von 4 Jahren bereits mit 6,3, die Mädchen mit 9,4 statt mit 4 Punkten ein.

Überträgt man die Differenz der gezeichneten Details zwischen den Altersstufen in Grafiken, zeigt sich folgendes Bild:

Grafik 3: Zuwachs neuer Zeichendetails in den Zeichnungen der MÄDCHEN 1950 und 2001/02

Grafik 4: Zuwachs neuer Zeichendetails in den Zeichnungen der JUNGEN 1950 und 2001/02

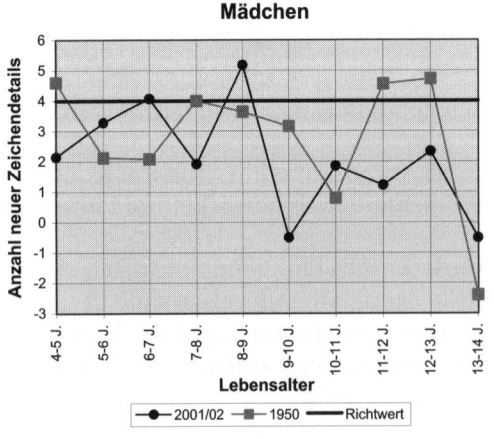

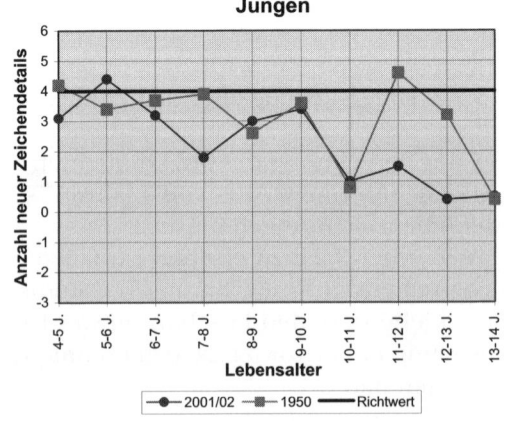

Aus diesen Grafiken ist zu ersehen, dass der Zuwachs der Zeichendetails im Durchschnitt deutlich weniger als 4 Punkte pro Altersstufe beträgt. Schon 1950 betrug der durchschnittliche Zuwachs bei den Jungen nur 3,0 und bei den Mädchen 2,7 Punkte, 2001/02 hingegen nur noch 2,2 bei den Jungen und 2,1 Punkte bei den Mädchen. Diese Entwicklung drückt sich in dem mehr oder weniger konstanten Abfall der durchschnittlichen MZ-Quotienten mit zunehmendem Lebensalter aus.

3.2.4 Diagnostische Relevanz eines Ergebnisses

Anhand der Normwerte der durchschnittlichen MZ-Quotienten eignet sich der Mann-Zeichen-Test sehr gut *„zu einer ersten Beurteilung und Rangeinteilung"* eines Kindes (ZILER 2000, S. 32). Besondere diagnostische Bedeutung und die Notwendigkeit einer besonderen Beobachtung ergibt sich bei niedrigen, die Norm unterschreitenden MZ-Quotienten. Als Maß gibt ZILER an, dass die Kinder, *„deren MZQ unter 75 % des MZQ ihres Alters stehen, eine besondere Beobachtung erheischen"* (ZILER 2000, S. 32). In seinem Handbuch ist diese 75%-Berechnung ab dem 11. Lebensjahr in Klammern hinter dem durchschnittlichen MZ-Quotienten angegeben. Leider gibt ZILER weder an, warum er diese Grenze bei 75% zieht, noch wie viele Kinder dies in seinem Sample betrifft.

Wenden wir diese 75%-Berechnung auf unsere Studie an, ergeben sich folgende Werte, bei dessen Unterschreitung ein Kind einer „besonderen Beobachtung" bedarf:

Tabelle 9. Mittelwerte der Mann-Zeichen-Quotienten, aufgeteilt nach Lebensjahren und Geschlecht mit den dazugehörigen 75%-Angaben 2001/02

Alter	Jungen			Mädchen		
	durchschnittlicher MZQ	75%-Angabe	„zu beobachtende Kinder" in %	durchschnittlicher MZQ	75%-Angabe	„zu beobachtende Kinder" in %
3 Jahre	120,4	90	0,9	125,6	94	3,4
4 Jahre	114,3	86	6,6	133,5	100	5,9
5 Jahre	107,2	80	2,0	117,5	88	2,2
6 Jahre	107,4	81	4,7	111,6	84	2,4
7 Jahre	103,4	78	0,4	110,2	83	4,0
8 Jahre	96,1	72	3,1	102,4	77	2,1
9 Jahre	93,9	70	1,0	105,4	79	0,7
10 Jahre	92,9	70	3,0	93,6	70	0,9
11 Jahre	86,8	65	1,7	89,3	67	1,4
12 Jahre	82,8	62	2,0	84,4	63	1,3
13 Jahre	77,2	58	4,0	82,4	62	0,6
14 Jahre	72,5	54	1,1	75,6	57	0,0

Da sich die Stichprobenergebnisse in allen Altersstufen annähernd als Normalverteilungen darstellen, lässt sich auf Grundlage der von uns ermittelten durchschnittlichen MZ-Quotienten und Standardabweichungen errechnen, wie viele Kinder einer Stichprobe unter der 75%-Angabe nach ZILER liegen. Dies haben wir wie folgt durchgeführt:

Die erste Berechnung zeigt, ein wie Vielfaches der Standardabweichung notwendig ist, um die Abweichung um 25 % vom Mittelwert zu erreichen. Durch den Vergleich mit

Tabellenwerten (vgl. KRENGEL 1998, Tabelle S. 243) wird der Anteil der verbleibenden Werte unterhalb der gewählten Grenze ermittelt.

Beispiel für 9 Jahre/Jungen
(durchschnittlicher MZQ = 93,9, Standardabweichung = 10,3):

$$\text{Durchschnittlicher MZQ} - 75\%\text{-Angabe} = 93,9 - 70 = 23,9$$

$$10,3 = 1\sigma \quad \Rightarrow \quad 23,9 = 2,32\,\sigma$$

Laut der Tabelle von KRENGEL liegen für eine Normalverteilung bei dem Wert von $2,32\,\sigma$ 99 % der Werte oberhalb der Grenze von 75 % des durchschnittlichen MZ-Quotienten und nur 1 % unterhalb.

Nach dieser Rechnung liegen bei den Jungen über alle Altersstufen gemittelt (4 bis 13 Jahre) durchschnittlich nur 2,85 % der Kinder unter dieser 75%-Angabe, bei den Mädchen (4 bis 13 Jahre) sogar nur 2,15 %.

Dies erscheint sehr wenig, wenn man bedenkt, dass der MZT erste Hinweise auf mögliche Entwicklungsschwierigkeiten geben soll, die durch genauere Beobachtung oder weitere Tests abgeklärt werden sollten. *„Ein Test wird nie alle geistigen Funktionen des Kindes ansprechen. Deshalb ist immer eine Test-Batterie (Test-Serie) erforderlich"* (ZILER 2000, S. 18). Ein Kind, das durch eine Testbatterie auffällig werden würde, muss aber nicht in diesen 2,15 % bzw. 2,85 % beim MZT liegen, da dieser Ausschnitt sehr klein ist. Aus diesen 2,15 % bzw. 2,85 % werden bei genauerer Beobachtung noch die Kinder herausfallen, die z. B. aufgrund einer schlechten Tagesform ein geringeres MZA erreicht haben. Aus diesem Grunde würde sich eine Verkleinerung des Toleranzbereiches anbieten, indem man die 75%-Angabe nach ZILER (75 % des durchschnittlichen MZQ) durch die in der Tabelle 6 ermittelte Standardabweichung σ ersetzt, damit möglichst alle Kinder mit Entwicklungsschwierigkeiten auch tatsächlich erfasst werden. Dafür spricht auch die Aussage BRICKENKAMPS über den MZT: *„Der eigentliche Anwendungsschwerpunkt liegt in der Identifikation förderungsbedürftiger Kinder"* (2002, S. 1329).

Wenn man als Grenzwert die Berechnung des „mittleren MZ-Quotienten minus Standardabweichung σ" verwendet, fallen (bei Normalverteilungen) 15,85 % der Kinder darunter (vgl. u. a. SELG et al. 1992).

3.2.5 Weitere Merkmale und Besonderheiten in den Menschenzeichnungen 2001/02

Bei der Betrachtung der Menschenzeichnungen fällt zuerst einmal auf, dass die gezeichneten Menschen der Kinder bis zum 6. Lebensjahr „geschlechtslos" sind. Ihnen ist vorerst nicht zu entnehmen, ob es sich bei der Darstellung um eine weibliche oder männliche Person handelt. Erste Merkmale einer geschlechtsspezifischen Zuschreibung sind vereinzelt bis zum 8. Lebensjahr, später meist eindeutig vorzufinden. Der Studie ist zu entnehmen, dass die Zeichnungen der Mädchen zu ca. 98 % weibliche Personen in Rock oder Hose erkennen lassen. Ca. 5 % der männlichen am Test beteiligten Jugendlichen zeichneten hingegen auch weibliche Personen.

In den Menschenzeichnungen der älteren Kinder und Jugendlichen findet sich 2001/02 eine Häufung geschlechtsspezifischer Merkmale. So erscheint als „typisch weiblich" das Zeichnen betonter Lippen, schlanker Taille, Konturen der Brust, langer Haare, Schmuck in Form von Halsketten und Armbändern. Weitere hinzugefügte Attribute zeigen Blumen und Handtaschen. „Typisch männlich" scheint die Darstellung von breiten Schultern, Muskeln, Bart oder Bartstoppeln, kurzer Haare und Zigarette. Den Zeichnungen sind des Öfteren weitere, Stärke demonstrierende Attribute wie Messer, Revolver, Schwert hinzugefügt.

Des Weiteren fällt eine deutliche Tendenz in den Zeichnungen der Jugendlichen auf, die die aktuellen Modeerscheinungen widerspiegelt, z. B. Schlaghosen, „bauchfreie" enge Oberbekleidung mit Nabelpiercing, Initialen von Markenprodukten.

In Bezug auf die Darstellung richtiger Proportionen weisen viele Menschenzeichnungen erhebliche Defizite auf. So ist der Kopf in über 80 % der Zeichnungen überproportional groß im Vergleich zum Rumpf; Arme und Beine zu lang. Die Hände sind im Alter zwischen 9 und 14 Jahren zwar in über 80 % der Zeichnungen angedeutet, jedoch meistens zu klein und nur noch in weniger als 36 % der Zeichnungen deutlich ausgezeichnet. Dies lässt Vermutungen über die Wichtigkeit von Kopf und Händen zu. Vollzieht sich in der Gesellschaft eine mögliche Entwicklung zu einer immer größeren kognitiven Leistungsförderung auf Kosten des praktischen Erfahrungsfeldes, die sich besonders in den Zeichnungen der Jugendlichen widerspiegelt?

Ebenfalls zeichneten ca. 55 Jugendliche ab dem 10. Lebensjahr einen Menschen mit verdeckten Händen. Das zusätzliche Zeichnen überlanger Hosen, langer Röcke und daher kaum mehr sichtbaren Schuhen ließ eine entsprechende Bewertung der Hände oft mit niedriger Punktzahl ausfallen.

Die Darstellung eines Menschen in augenscheinlich guten Proportionen gelingt eher den älteren Jugendlichen ab 12 Jahren, häufig auf Kosten anderer Details, z. B. im Bereich des Gesichts und der Finger. Daher weisen einige der Menschenzeichnungen der Studie 2001/02 trotz guter Proportionen niedrigere MZ-Quotienten auf als zunächst erwartet. Auch ZILER (1950) sieht den Grund rückläufiger Prozentzahlen einzelner Zeichendetails bei den älteren Kindern u. a. darin, dass ein Kind mit dem 11. Lebensjahr die Proportionen des Körpers und der Körperteile in den Vordergrund zu rücken scheint und daher die Wichtigkeit mancher Einzelheiten des Körpers dahinter zurücktritt.

Der Bewegungsaspekt wurde statt in Profilzeichnungen durch variierte Armstellungen oder durch mit Bewegung assoziierte Bildelemente wie Skateboards in ca. 10 % der Zeichnungen der älteren Kinder umgesetzt. Ähnlich wie bei ZILER zeigten von den gezeichneten Körperprofilen alle Rechtshänder entsprechend der „Fließrichtung" des Stiftes ein Linksprofil, die Linkshänder dagegen Rechtsprofile.

Des Weiteren ist eine deutliche Zunahme gezeichneter Comic-Figuren ab dem 11. Lebensjahr zu beobachten. Sie zeigen häufig Ähnlichkeiten mit den Helden in Fernsehsendungen, Computerspielen und Zeitschriften und verkörpern die ihnen zugeschriebenen Eigenschaften. Diese Entwicklung ist fast ausschließlich in den Menschenzeichnungen der männlichen Jugendlichen wahrzunehmen.

3.2.6 Aktualisierte Bewertungskriterien

Betrachtet man die Ergebnisse der Studie 2001/02, so wird daraus ersichtlich, dass die Überarbeitung einiger Bewertungskriterien erforderlich ist, um sie den heutigen Verhältnissen anzupassen.

So hat die Häufigkeit der Profilzeichnungen deutlich abgenommen. Sie liegen heute nur noch bei 0,4 % bis 0,9 % und werden somit faktisch nicht mehr gezeichnet. Der damit implizierte Bewegungsaspekt findet heute seine Umsetzung eher durch den Zusatz beweglicher Gegenstände, z. B. Skateboard. Daher schließt sich die Überlegung an, die Punkte 41–44 aus den Bewertungskriterien heraus zu nehmen und die Punkte 39 und 40 sowohl für En-face-Zeichnungen als auch für Profilzeichnungen zu vergeben. Auch stellt sich die Frage, ob eine Profilzeichnung auf ein besseres Körpergefühl schließen lässt und somit zu mehr Punkten führen sollte.

Daneben ließen sich, gerade bei den älteren Kindern, eine Vielzahl weiterer Accessoires in den Zeichnungen finden, wie Luftballons, Blumen, Handtasche, Walkman, Revolver, Messer, Pfeil und Bogen und Zigarette. Diese z. T. Stärke demonstrierenden Gegenstände sind zwar nicht unbedingter Teil des Körperschemas, jedoch scheinen durch sie wesentliche Körperregionen wie Hals, Ohr, Arme und Hände unterstützend betont zu werden. Diese Aussage lässt sich auch auf den häufig gezeichneten Schmuck, einschließlich Brille und Uhr, übertragen. Sie ergänzen daher im weitesten Sinne das Körperbild. Somit werden zwei zusätzliche Punkte (Accessoires und Schmuck) in die Bewertungskriterien eingefügt, so dass die maximale Punktzahl von 50 Punkten auch weiterhin erreicht werden kann.

Der Punkt 50, Kragen, wird dahingehen erweitert, dass nicht nur der 1950 häufiger anzutreffende klassische Kragen bewertet wird, sondern auch Bündchen, bestehend aus zwei Linien.

Der Punkt 31, Daumen, gilt als erfüllt, wenn er abgespreizt (laut ZILER) oder deutlich von den anderen Fingern abgesetzt gezeichnet wurde. Der Punkt wird somit auch dann vergeben, wenn der Daumen anliegt, aber deutlich als Daumen zu erkennen und somit im Körperbild vorhanden ist.

Zum besseren Verständnis ist es weiterhin unbedingt erforderlich, den Punkt 49, Rock, neu zu formulieren. Auch wir haben ihn in unserer Studie als heutiges Bekleidungsstück statt einer Hose verstanden, ZILER bezeichnete dagegen aller Wahrscheinlichkeit nach mit Rock den damaligen Gehrock und damit ein Oberteil. Um Missverständnisse bezüglich der Kleidung zu vermeiden, sollte der Punkt 49 (Rock) in das Bewertungskriterium „Oberteil" umbenannt und gleichzeitig der Punkt 48 (Hose) alternativ in das Kriterium „Hose oder Rock" umgewandelt werden. Als „Oberteil, deutlich mit Einzelheiten" gilt ein Oberteil, das von Händen, Beinen und Hals abgesetzt ist und/oder genaue Details beinhaltet, wie z. B. Kragen/Bündchen, Knöpfe, Taschen, Falten und vergleichbares. Hat ein Kind eine Person mit einem Kleid gezeichnet, das deutlich mit Einzelheiten gezeichnet wurde, so kann an dieser Stelle sowohl der Punkt 48 „Hose oder Rock", als auch der Punkt 49 „Oberteil" vergeben werden.

Weitere Bewertungskriterien, wie z. B. Ellbogen, Knie, Gesicht, en face, plastisch und komplett, bleiben trotz geringer Zeichnungshäufigkeit bestehen, da sie ein unumstrittener Teil des Körperschemas sind und daher auch in Zukunft in der Skala der Bewertungskriterien enthalten sein sollten.

In der folgenden Tabelle sind die Veränderungen der Bewertungskriterien zusammengefasst. Wir regen dazu an, diese bei zukünftigen Auswertungen des MZT zu verwenden:

Tabelle 10: *Gegenüberstellung der Bewertungskriterien nach* ZILER *und der aktualisierten Bewertungskriterien*

Punkte	nach ZILER	aktualisiert
31	Daumen, abgespreizt	Daumen, deutlich von anderen Fingern abgesetzt oder abgespreizt
32–34, 51/52	Füße und Schuhe	Bewertung bleibt bestehen, lediglich wenn die Füße nicht gezeichnet wurden, da sie durch lange Röcke oder Hosen verdeckt sind, werden alternativ die Punkte der Hände vergeben
39	Gesicht, en face	Gesicht, en face oder Gesichtsprofil
40	Gesicht, en face, plastisch und komplett	Gesicht, en face oder Gesichtsprofil, plastisch und komplett
41–44	Gesichtsprofil sowie Profilhaltung	Entfallen
48	Hose, deutlich gezeichnet mit Einzelheiten, nicht transparent	Hose oder Rock, deutlich gezeichnet mit Einzelheiten, nicht transparent
49	Rock, deutlich gezeichnet mit Einzelheiten	Oberteil, deutlich gezeichnet mit Einzelheiten
50	Kragen, deutlich gezeichnet	Kragen oder Bündchen (zwei Linien), deutlich gezeichnet
53	nicht vorhanden	Schmuck, Brille, Uhr
54	nicht vorhanden	Accessoires (Luftballons, Blumen, Handtasche, Walkman, Revolver, Messer, Pfeil und Bogen, Zigarette etc.)

Eine Überarbeitung von rund 60 % der Kinderzeichnungen aus der Studie 2001/02 verdeutlicht die Beeinflussung der durchschnittlichen MZ-Quotienten durch die Aktualisierung der Bewertungskriterien mit folgendem Ergebnis:

Tabelle 11: *Überarbeitete Mittelwerte der Mann-Zeichen-Quotienten, aufgeteilt nach Lebensjahren und Geschlecht*

Alter	Jungen	Mädchen	Jungen		Mädchen	
	Anzahl n		durchschnittlicher MZQ	Standardabweichung σ	durchschnittlicher MZQ	Standardabweichung σ
3 Jahre	14	13	120,4	± 12,9	125,6	± 17,4
4 Jahre	36	32	114,3	± 18,8	133,5	± 21,5
5 Jahre	49	55	107,2	± 13,2	117,5	± 14,7
6 Jahre	41	55	107,7	± 15,7	111,8	± 14,0
7 Jahre	36	41	104,3	± 9,6	111,0	± 15,5
8 Jahre	43	31	97,3	± 12,9	103,7	± 12,5
9 Jahre	45	41	95,4	± 10,3	107,8	± 10,7
10 Jahre	56	58	94,8	± 12,2	96,3	± 10,0
11 Jahre	84	78	89,5	± 10,3	92,0	± 10,1
12 Jahre	91	84	85,2	± 10,1	87,3	± 9,6
13 Jahre	55	53	79,4	± 11,0	85,1	± 8,1
14 Jahre	10	7	74,6	± 8,1	78,2	± 4,8

Wenn eine Zeichnung nach den aktualisierten Bewertungskriterien aus Tabelle 10 bewertet wurde, so sind die in Tabelle 11 aufgeführten durchschnittlichen MZ-Quotienten zur Beurteilung maßgebend.

Da sich die aus der Aktualisierung der Bewertungskriterien resultierenden Verschiebungen der mittleren MZ-Quotienten gegenüber der Streuung der einzelnen Zeichnungen einer Altersstufe als gering erweisen, kann davon ausgegangen werden, dass sich die Standardabweichungen dadurch nicht nennenswert ändern und somit übernommen werden können.

Aus der Tabelle ist zu ersehen, dass die Aktualisierungen der Bewertungskriterien auf die drei- bis fünfjährigen Kinder keinen Einfluss haben. Ab dem sechsten Lebensjahr beginnen die Kinder vereinzelt einige der aktualisierten Bewertungskriterien zu zeichnen, die bei den 9 bis 12 Jahre alten Kindern verhältnismäßig häufig auftreten. Ab dem 12. Lebensjahr lassen sich z. T. stagnierende oder abfallende Tendenzen in der Häufigkeit feststellen. Die Detailgenauigkeit nimmt ab. Hier sind vor allen Dingen die Punkte „Accessoires" und „Daumen" zu nennen.

Den größten Einfluss auf die Aktualisierung der MZ-Quotienten zeigt die Umbenennung des Punktes „Rock" in „Oberteil", da die Kinder hierdurch sowohl den Punkt „Körperbekleidung angedeutet", als auch einen Punkt für ein detailliert gezeichnetes Oberteil bekommen. Das Bewertungskriterium „Oberteil" ist ab einem Alter von 7 Jahren vereinzelt zu finden und steigt kontinuierlich an, bis es in gut 60 % bis 70 % der Zeichnungen der älteren Kinder vorhanden ist.

Das Bewertungskriterium „Schmuck" wird von den 12/13 Jahre alten Mädchen bis zu 47 %, von den Jungen von bis zu knapp 30 % gezeichnet.

Der Punkt Accessoires hat bei den Mädchen mit 14 % den Maximalwert bei 9 bis 10 Jahren, bei den Jungen mit 8 bis 11 Jahren einen Wert von gut 20 %.

Der Punkt „Daumen" wird vor allem von den 10- bis 12-jährigen Mädchen und Jungen bis zu 20 % gezeichnet, zusätzlich zu den in unserer Studie bereits vergebenen Punkten für einen abgespreizten Daumen.

Der Punkt „Kragen", erweitert durch das Kriterium Bündchen, ist bis zu 10 % bei den älteren Kindern nachzuweisen.

Eine weitere Veränderung der Bewertungskriterien von ZILER sollte in der Bewertung verdeckter Füße und Schuhe vorgenommen werden. Kinder, die wegen langer Röcke oder entsprechend der neuen Mode langer weiter Hosen keine Füße gezeichnet haben, sollten (analog zur Vorgehensweise bei verdeckten Händen) die Punkte der gezeichneten Hände auch anstelle der verdeckten Füße erhalten. Dieser Prozentsatz ist jedoch so gering, dass der Einfluss auf die MZ-Quotienten nicht berechnet wurde.

Des Weiteren sei darauf hingewiesen, dass die Kleidungsstücke Hose oder Rock eine unterschiedliche Bewertung der Punkte 32 (Beine angedeutet), 33 (Beine plastisch), 34 (Beine richtig angesetzt) und Punkt 35 (Knie) ermöglichen. Ist die von den Kindern gezeichnete Person durch einen langen Rock bekleidet, so sind die Merkmale 32–35 in den Bildern häufig nicht sichtbar. In diesem Fall erhalten die Kinder deutlich weniger Punkte und einen geringeren MZ-Quotienten, obwohl die Interpretation eines unzureichend aufgebauten Körperschemas hier unangebracht und fehlerhaft sein könnte. Dies ist bei der Interpretation und Einschätzung einer Zeichnung mit zu bedenken.

4. Fazit

Wichtig erscheint uns der Hinweis, von einer isolierten Betrachtung und Beurteilung eines Kindes durch den Mann-Zeichen-Test abzusehen. Auch ZILER warnte davor, dass man nie nur auf einer Zeichnung eine Gesamtbeurteilung eines Kindes aufbauen sollte. Der Testleiter sollte sowohl die Gesamtsituation des Kindes als auch die Beobachtungen innerhalb der Testsituation in seine Einschätzung des Kindes mit einfließen lassen. Generell sehen wir die Aussagefähigkeit des Mann-Zeichen-Tests nach ZILER hinsichtlich der Beurteilung eines 13/14 Jahre alten Jugendlichen anhand der mittleren MZ-Quotienten in Frage gestellt. Seine Anwendung erscheint uns dennoch hinsichtlich einer Aussage bezüglich des Körperschemas und Selbstbildes älterer Jugendlicher von Bedeutung zu sein.

Auch möchten wir zu bedenken geben, dass sich trotz der z.T. genaueren Beschreibungen der einzelnen Bewertungskriterien ein subjektiver Anteil bei der Auswertung der Menschenzeichnungen nicht ganz ausschließen lässt. Gewisse Schwankungen in der Auswertungsobjektivität werden immer wieder festzustellen sein.

Ebenfalls erscheint uns der Mann-Zeichen-Test in detailstatistischer Auswertung eher weniger für den Bereich der Intelligenzmessung geeignet. Er ist vielmehr geeignet, im Rahmen einer Testbatterie erste Aussagen zu bestimmten Aspekten der Entwicklung, der visuellen Wahrnehmungsentwicklung und der Wahrnehmungsorganisation zu machen bzw. auf erforderliche differentialdiagnostische Untersuchungen hinzuweisen. Hier ist sicherlich auch der Ansatzpunkt für Fördermöglichkeiten zu sehen.

Abschließend möchten wir betonen, dass uns die Ergebnisse der Studie 2001/02 auch nachdenklich stimmen. Einerseits scheint es am naheliegendsten, die sinkenden Durchschnittsnormen im MZT zu akzeptieren, andererseits könnten diese Ergebnisse auch auf Schwachstellen der heutigen Gesellschaft mit ihren pädagogischen Systemen hinweisen und zu einer Neustrukturierung anregen. Inwieweit die Möglichkeiten zum Aufbau eines vollständigen Körperbildes und Körperschemas durch die pädagogischen Institutionen unterstützt und gefördert werden können, soll hier nicht weiter diskutiert werden. Da jedoch die äußeren Einflüsse der Medienwelt und des leistungsorientierten Denkens und Handelns einen immer größeren Stellenwert einnehmen, erscheint es kompensatorisch notwendig, dass die heutige Pädagogik die Wichtigkeit elementarer, körperbezogener Basiserfahrungen nicht aus den Augen verliert.

Quellen

BORCHERT, J., KNOPF-JERCHOW, H., DABASHI, A.: Testdiagnostische Verfahren in Vor-, Sonder- und Regelschulen. Heidelberg: Roland Asanger Verlag 1991.

BRICKENKAMP, R.: Handbuch psychologischer und pädagogischer Tests. Band 2. Göttingen: Hogrefe 2002 (3. vollst. überarb. und erw. Aufl.).

BROSAT, H., TÖTEMEYER, N.: Der „Mann-Zeichen-Test" in der detailstatistischen Auswertung nach Ziler – Eine empirische Studie zur Aktualität der Bewertungskriterien. Bochum 2002 (Diplomarbeit einzusehen in der EFH Bochum).

BROSAT, H., TÖTEMEYER, N.: „Der „Mann-Zeichen-Test" in der detailstatistischen Auswertung nach Ziler". In: BHP e.V. Schriftenreihe 5/05, 4. Jahrgang, Fachbereichstag Heilpädagogik (Hrsg.): Heilpädagogik: Ein Blick zurück nach vorn. 20 Jahre Fachbereichstag Heilpädagogik in Deutschland. BHP-Verlag 2005.

BUNDSCHUH, K.: Einführung in die sonderpädagogische Diagnostik. München: Ernst Reinhardt 1999 (5., neubearb. und erw. Aufl.).

ETTRICH, K. U.: Entwicklungsdiagnostik im Vorschulalter. Grundlage – Verfahren – Neuentwicklungen – Screenings. Göttingen: Vandenhoek & Ruprecht 2000.

HELLMANN, M.: „Prävention und Rehabilitation bei Kindern und Jugendlichen mit Entwicklungsstörungen und Entwicklungskrisen. Unveröff. Forschungsbericht. Bochum 2001.

HELLMANN, M.: „Zum Stellenwert der heilpädagogischen Diagnostik". In: heilpaedagogik. de. Fachzeitschrift des Berufsverbandes der Heilpädagogik (BHP) e. V. 200301, 3–8.

HURRELMANN, K., ULICH, D. (Hrsg.): Neues Handbuch der Sozialisationsforschung. Weinheim: Beltz 1991 (4. neubearb. Aufl.).

KOPPITZ, E. M.: Die Menschendarstellung in Kinderzeichnungen und ihre psychologische Auswertung. Amerikanische Originalausgabe 1968, deutsche Ausgabe Stuttgart: Hippokrates 1972.

KRENGEL, U.: Einführung in die Wahrscheinlichkeitstheorie und Statistik. Wiesbaden: Vieweg 1998 (4. erw. Aufl.).

KROMREY, H.: Empirische Sozialforschung. Modelle und Methoden der standardisierten Datenerhebung und Datenauswertung. Opladen: Leske + Budrich 2000 (9., korrigierte Aufl.).

RICHTER, H.-G.: Die Kinderzeichnung: Entwicklung, Interpretation, Ästhetik. Berlin: Cornelsen 1997 (1. Aufl.).

ROLFF, H.G., ZIMMERMANN, P.: Kindheit im Wandel: eine Einführung in die Sozialisation im Kindesalter. Weinheim: Beltz 1993 (3. unveränd. Aufl.).

SCHUSTER, M.: Psychologie der Kinderzeichnung. Göttingen: Hogrefe 2000 (3., überarb. Aufl.).

SELG, H., KLAPPROTT, J. UND KAMENZ, R.: Forschungsmethoden der Psychologie. Stuttgart: Kohlhammer 1992.

TIETZE-FRITZ, P.: Handbuch der heilpädagogischen Diagnostik: Konzepte zum Erkennen senso- und psychomotorischer Auffälligkeiten in der interdisziplinären Frühförderung. Dortmund: verlag modernes lernen 1996 (3. Aufl.).

WIDLÖCHER, D.: Was eine Kinderzeichnung verrät. Methode und Beispiele psychoanalytischer Deutung. München: Kindler Verlag GmbH 1974.

ZILER, H.: Der Mann-Zeichen-Test in detailstatistischer Auswertung. Münster: Aschendorf 2000 (11. Aufl.).

Anhang

A: Umrechnungstabelle

Tabelle 12: Umrechnungstabelle der Punktzahlen in das Mann-Zeichen-Alter

Punkte	MZA	Punkte	MZA
1	3,25	26	9,50
2	3,50	27	9,75
3	3,75	28	10
4	4	29	10,25
5	4,25	30	10,50
6	4,50	31	10,75
7	4,75	32	11
8	5	33	11,25
9	5,25	34	11,50
10	5,50	35	11,75
11	5,75	36	12
12	6	37	12,25
13	6,25	38	12,50
14	6,50	39	12,75
15	6,75	40	13
16	7	41	13,25
17	7,25	42	13,50
18	7,50	43	13,75
19	7,75	44	14
20	8	45	14,25
21	8,25	46	14,50
22	8,50	47	14,75
23	8,75	48	15
24	9	49	15,25
25	9,25	50	15,50

Mehr als 50 Punkte kann eine Zeichnung nicht erhalten, da entweder die Punkte für die Profilhaltung oder die für die En-face-Haltung wegfallen. Auch nach der neuen Bewertung in Kapitel 3.2.6 sind nur max. 50 Punkte zu vergeben.

♂

LA: 3,83
MZA: 4,5
MZQ: 118

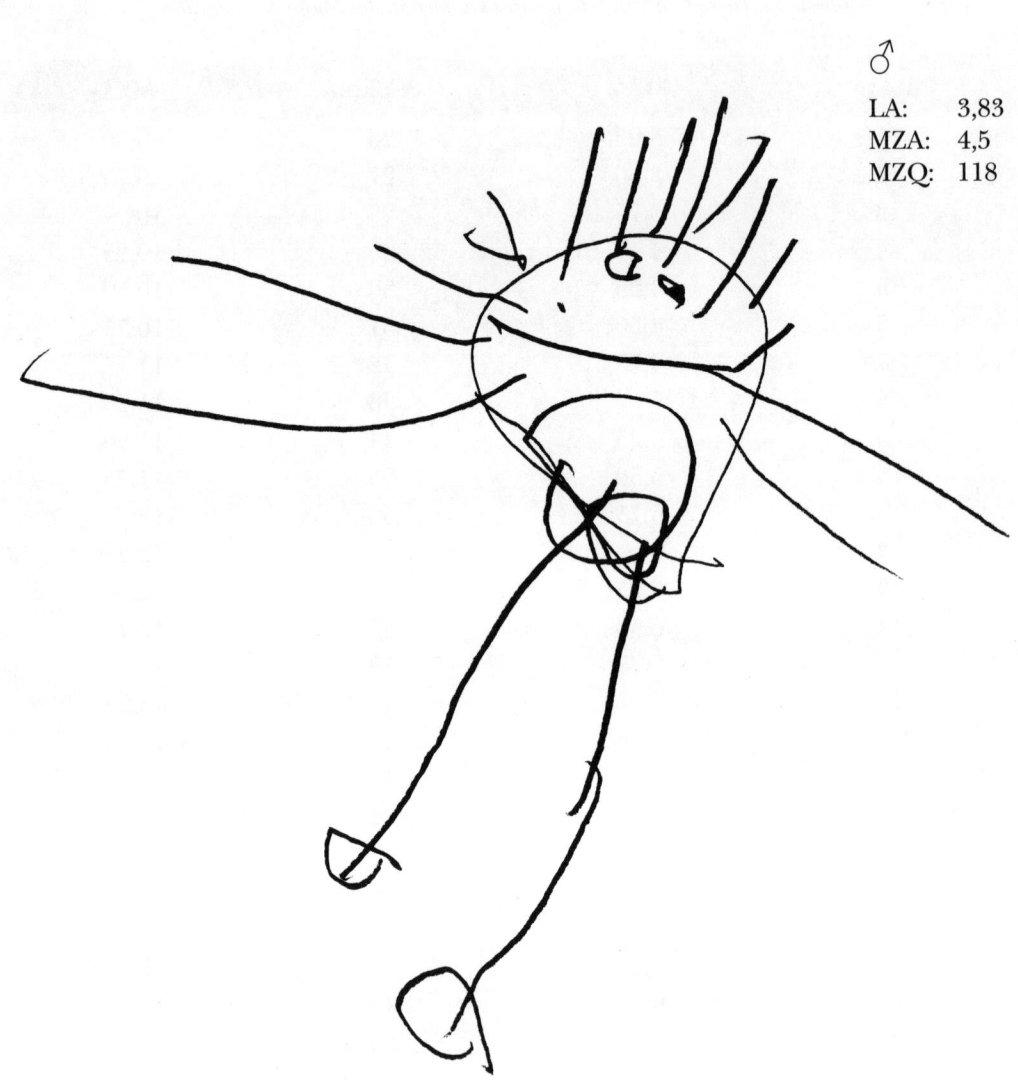

Punkte:
1, 3, 5, 10, 32, 36 = **6**

♀
LA: 3,58
MZA: 5
MZQ: 140

Punkte:
1, 3, 5, 10, 19, 20, 32, 36 = **8**

♀
LA: 3,75
MZA: 6,25
MZQ: 167

Punkte:
1, 3, 5, 8, 10, 14, 19, 22, 26, 28, 30, 32, 36 = **13**

♂

LA: 4,5
MZA: 4,75
MZQ: 106

Punkte:
1, 3, 5, 10, 32, 36, 37 = **7**

♂

LA: 4,92
MZA: 5,25
MZQ: 107

Punkte:
1, 3, 5, 8, 10, 22, 28, 32, 36 = **9**

♀
LA: 4,42
MZA: 8,25
MZQ: 187

Punkte:
1, 3, 5, 7, 8, 9, 10, 14, 16, 17, 19, 22, 23, 26, 28, 29, 30, 32, 33, 36, 39 = **21**

♂

LA: 5,42
MZA: 7
MZQ: 129

Punkte:
1, 3, 5, 8, 10, 14, 15, 19, 22, 23, 26, 28, 30, 32, 33, 36 = **16**

♂

LA: 5,83
MZA: 4,5
MZQ: 77

Punkte:
1, 5, 8, 10, 19, 32 = **6**

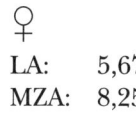

♀
LA: 5,67
MZA: 8,25
MZQ: 146

Punkte:
1, 3, 5, 8, 10, 16, 17, 18, 19, 20, 22, 23, 26, 28, 29, 30, 31, 32, 33, 36, 37 = **21**

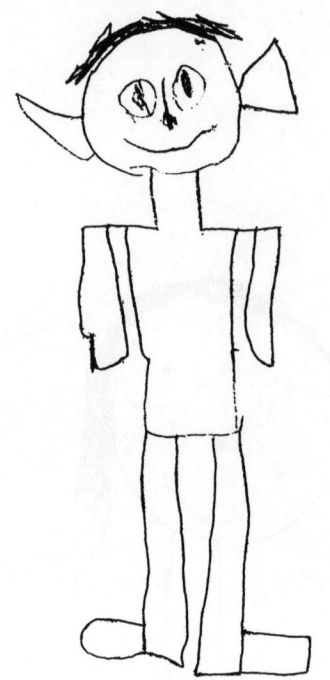

♂

LA: 6,08
MZA: 7,5
MZQ: 123

Punkte:
1, 3, 5, 6, 8, 10, 14, 16, 17, 18, 19, 20, 22, 23, 32, 33, 36, 37 = **18**

♂

LA: 6,42
MZA: 5,5
MZQ: 86

Punkte:
1, 5, 8, 10, 19, 20, 22, 23, 32, 33 = **10**

♀
LA: 6,08
MZA: 7
MZQ: 115

Punkte:
1, 3, 5, 7, 8, 10, 19, 20, 22, 28, 29, 30, 32, 36, 39, 47 = **16**

♂

LA: 7,58
MZA: 6,75
MZQ: 89

Punkte:
1, 3, 5, 8, 10, 14, 16, 17, 19, 22, 23, 26, 32, 33, 36 = **15**

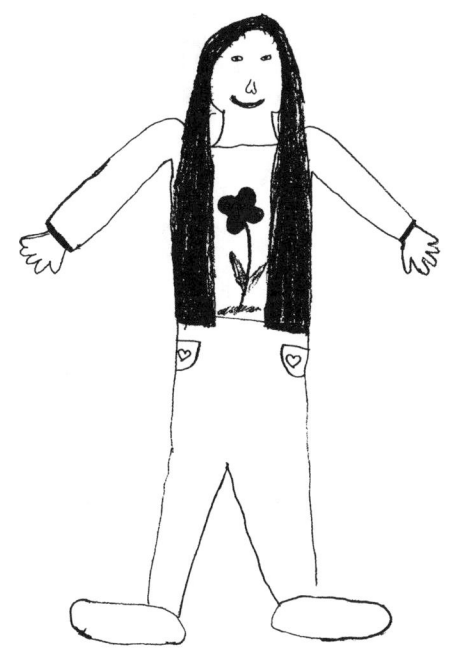

♀
LA: 7,67
MZA: 10,25
MZQ: 134

Punkte:
1, 3, 5, 6, 8, 9, 10, 11, 16, 17, 18, 19, 20, 21, 22, 23, 24, 26, 27, 28, 29,
30, 32, 33, 34, 36, 37, 47, 48 – **29**

♀
LA: 7,75
MZA: 7,75
MZQ: 100

Punkte:
1, 3, 5, 8, 10, 19, 20, 22, 23, 24, 26, 28, 29, 30, 32, 33, 36, 37, 47 = **19**

♂

LA: 8,17
MZA: 8,25
MZQ: 101

Punkte:
1, 3, 5, 8, 10, 16, 17, 19, 22, 23, 26, 28, 29, 30, 32, 33, 34, 36, 37, 47, 51 = **21**

♂

LA: 8,33
MZA: 7,75
MZQ: 93

Punkte:
1, 3, 5, 8, 10, 14, 16, 17, 19, 20, 22, 23, 26, 28, 29, 30, 32, 33, 36 = **19**

♀
LA: 8,67
MZA: 10,25
MZQ: 118

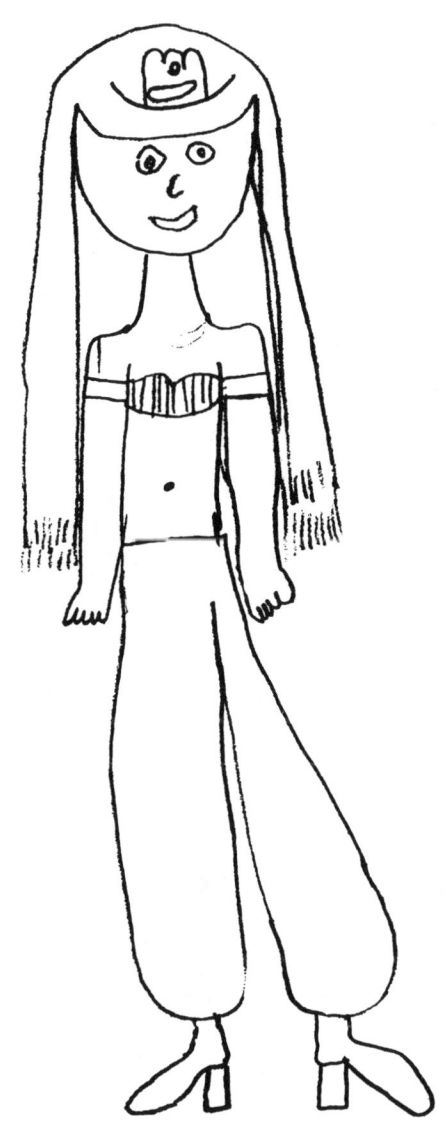

Punkte:
1, 3, 5, 6, 8, 9, 10, 11, 16, 17, 18, 19, 20, 21, 22, 23, 24, 26, 28, 29,
30, 32, 33, 34, 36, 37, 38, 47, 51 = **29**

♂

LA: 9,83
MZA: 9,25
MZQ: 94

Punkte:
1, 3, 5, 8, 10, 14, 16, 17, 18, 19, 20, 22, 23, 24, 26, 28, 29, 30, 32, 33, 34, 36, 37, 47, 51 = **25**

♀
LA: 9,5
MZA: 9,5
MZQ: 100

Punkte:
1, 3, 5, 6, 7, 8, 9, 10, 16, 17, 19, 20, 22, 23, 26, 28, 29, 30, 32, 33, 34, 36, 37, 38, 47, 51 = **26**

♀
LA: 9,17
MZA: 11,25
MZQ: 123

Punkte:
1, 3, 5, 6, 7, 8, 9, 10, 11, 12, 13, 16, 17, 18, 19, 20, 21, 22, 23, 24, 26, 28, 29,
30, 32, 33, 34, 36, 37, 39, 40, 47, 51 = **33**

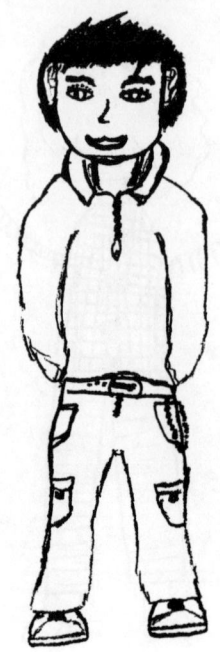

♂

LA: 10,5
MZA: 13,25
MZQ: 126

Punkte:
1, 2, 3, 4, 5, 6, 7, 8, 9, 10, 11, 14, 15, 16, 17, 18, 19, 20, 21, 22, 23, 24, 4 Punkte für Hände,
32, 33, 34, 36, 37, 39, 47, 48, 50, 51, 52 = **37**

♂

LA: 10,67
MZA: 11,5
MZQ: 108

Punkte:
1, 2, 3, 5, 8, 9, 10, 13, 16, 17, 18, 19, 20, 22, 23, 26, 27, 28, 29, 30, 32, 33, 34, 35, 36, 37, 38,
41, 43, 44, 47, 48, 51, 52 = **34**

♀
LA: 10,17
MZA: 9,75
MZQ: 96

Punkte:
1, 3, 5, 6, 8, 9, 10, 11, 16, 17, 18, 19, 20, 22, 23, 28, 29, 30, 32, 33, 34,
36, 37, 38, 47, 48, 51 = **27**

♂

LA: 11
MZA: 9,75
MZQ: 89

Punkte:
1, 5, 6, 7, 8, 9, 10, 11, 14, 15, 16, 17, 19, 20, 22, 23, 26, 28, 29,
30, 32, 33, 36, 37, 39, 45, 47 = **27**

♂

LA: 11,08
MZA: 13
MZQ: 117

Punkte:
1, 3, 4, 5, 8, 9, 10, 13, 14, 15, 16, 17, 18, 19, 20, 21, 22, 23, 24, 25, 26, 27, 28, 29,
30, 31, 32, 33, 34, 35, 36, 37, 38, 39, 45, 46, 47, 48, 51, 52 = **40**

♀
LA: 11,92
MZA: 11,75
MZQ: 99

Punkte:
1, 3, 4, 5, 6, 7, 8, 9, 10, 11, 12, 13, 14, 15, 16, 17, 18, 19, 20, 21, 22, 23, 24, 25, 26,
32, 33, 34, 36, 39, 40, 47, 48, 50, 51 = **35**

♂

LA: 12,5
MZA: 9,75
MZQ: 78

Punkte:
1, 3, 5, 6, 7, 8, 10, 14, 16, 17, 18, 19, 20, 22, 23, 26, 28, 29,
30, 32, 33, 36, 37, 39, 47, 48, 51 = **27**

♂

LA: 12,42
MZA: 11
MZQ: 89

Punkte:
1, 3, 4, 5, 6, 7, 8, 9, 10, 11, 14, 15, 19, 22, 23, 24, 25, 26, 27, 28, 29,
30, 31, 32, 33, 34, 36, 37, 39, 47, 48, 51 = **32**

♀
LA: 12
MZA: 12
MZQ: 100

Punkte:
1, 3, 4, 5, 6, 7, 8, 9, 10, 11, 12, 13, 14, 16, 17, 18, 19, 20, 21, 22, 23, 24, 25,
3 Punkte für Hände, 32, 33, 34, 36, 37, 39, 40, 47, 49, 51 = **36**

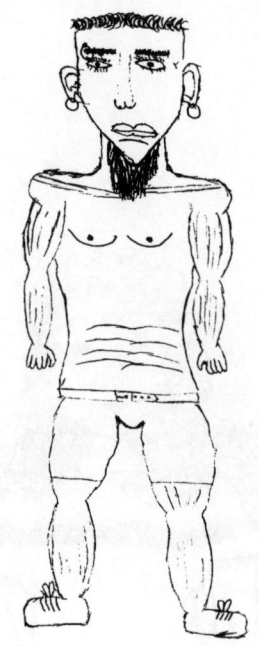

♂

LA: 13,08
MZA: 12,5
MZQ: 96

Punkte:
1, 3, 4, 5, 6, 7, 8, 9, 10, 11, 12, 13, 14, 15, 16, 17, 18, 19, 20, 21, 22, 23, 24, 26, 27, 28, 29, 30, 32, 33, 34, 36, 37, 38, 39, 40, 48, 51 = **38**

♂

LA: 13,33
MZA: 10,75
MZQ: 81

Punkte:
1, 3, 5, 6, 7, 8, 10, 11, 13, 14, 15, 16, 17, 18, 19, 20, 22, 23, 24, 3 Punkte für Hände, 32, 33, 34, 36, 37, 39, 47, 48, 51 = **31**

♀
LA: 13,25
MZA: 14,25
MZQ: 108

Punkte:
1, 3, 4, 5, 6, 7, 8, 9, 10, 11, 12, 13, 14, 15, 16, 17, 18, 19, 20, 21, 22, 23, 24, 25, 26, 27, 28, 29, 30, 31, 32, 33, 34, 35, 36, 37, 38, 39, 40, 45, 46, 47, 49, 51, 52 = **45**

♂
LA: 14
MZA: 10,75
MZQ: 77

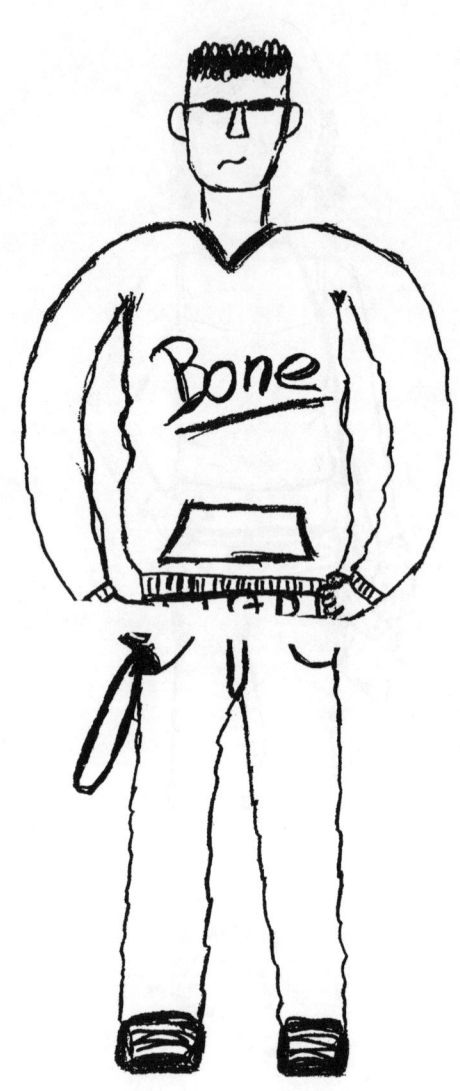

Punkte:
1, 2, 3, 4, 5, 8, 9, 10, 14, 16, 17, 18, 19, 20, 22, 23, 24, 26, 27, 28, 29,
30, 32, 33, 34, 36, 37, 39, 47, 48, 51 = **31**

♀
LA: 14,33
MZA: 11
MZQ: 77

Punkte:
1, 3, 4, 5, 6, 7, 8, 9, 10, 11, 12, 13, 14, 16, 17, 18, 19, 20, 22, 23, 24, 2 Punkte für Hände,
32, 33, 34, 36, 37, 39, 40, 47, 48 = **32**

♀
LA: 14,33
MZA: 11,75
MZQ: 82

Punkte:
1, 2, 3, 4, 5, 6, 7, 8, 9, 10, 11, 12, 14, 15, 16, 17, 18, 19, 20, 21, 22, 23, 24, 25, 26,
31, 32, 33, 34, 36, 37, 39, 47, 48, 51 = **35**

Werterziehung als Qualitätsdimension von Schule und Unterricht

Herausgegeben von Volker LADENTHIN und Jürgen REKUS

Die pädagogische Qualität der Schule wird zunehmend an ihrer Wahrnehmung der Erziehungsaufgabe gemessen werden. Schulen, die sich nicht nur als Durchlauferhitzer für die ökonomischen Anforderungen verstehen, die sich vielmehr in personaler Hinsicht dem ganzen Menschen zuwenden und die Aufgabe der Werterziehung in das Schulprofil systematisch einbinden, werden auch in sich zuschärfenden Wettbewerbssituationen im Vorteil sein und in der Gunst der Eltern bevorzugt werden. Schulen Hilfe zu geben, sich diesem Bemühen um eine ernsthafte Bildung zu stellen, ist das Anliegen dieses Buches. Neben theoretischen Beiträgen versammelt es Beispiele, die zeigen, wie Werterziehung im Fachunterricht praktisch stattfinden kann.

Münstersche Gespräche zur Pädagogik

Volker Ladenthin/Jürgen Rekus (Hg.)

Werterziehung als Qualitätsdimension von Schule und Unterricht

Aschendorff Verlag

2008, 207 Seiten,
kart. 14,80 € / sFr 26,60
ISBN 978-3-402-14340-7
Münstersche Gespräche
zur Pädagogik, Band 24

Aschendorff
Verlag

Lernen in der Schule
Dimensionen einer schulpädagogischen Theorie des Lernens
Herausgegeben von Wilfried PLÖGER

»Lernen« ist für Schülerinnen und Schüler die zentrale Tätigkeit im Unterricht. Deshalb könnte man von der Erziehungswissenschaft bzw. Schulpädagogik eigentlich erwarten, dass sie diesem Phänomen in der Vergangenheit durchgehend große theoretische Aufmerksamkeit geschenkt hätte. Das ist aber bekanntlich nicht der Fall. Von wenigen Ausnahmen abgesehen ist das Thema Lernen eine Domäne der Pädagogischen Psychologie, in der sich eine über rund hundert Jahre zurück reichende Tradition entwickelt hat. Die Erziehungswissenschaft war deshalb immer auf eine Rezeption der theoretischen und empirischen Arbeiten aus der Psychologie angewiesen. Ihre Chance zur Entwicklung einer eigenständigen schulpädagogischen Theorie des Lernens, die Lehrerinnen und Lehrern als Reflexionsinstanz für die Gestaltung von Lehr-Lernprozessen Hilfe bieten könnte, hat sie dabei jedoch kaum genutzt. Der vorliegende Band 25 der *Münsterschen Gespräche* kann keine schulpädagogisch relevante Theorie des Lernens in Gänze entwickeln, sondern versteht sich als Suche nach solchen Elementen, die für eine entsprechende Theorie unabdingbar sind.

2009, 98 Seiten,
kart. 15,80 € / sFr 28,30
ISBN 978-3-402-14341-4
Münstersche Gespräche
zur Pädagogik, Band 25

Aschendorff Verlag

Was ist guter Unterricht?

Qualitätskriterien auf dem Prüfstand
Herausgegeben von Christian FISCHER
und Reinhard SCHILMÖLLER

Wann verdient schulischer Unterricht das Prädikat »gut«? Ist der Unterricht dann gut, wenn er erfolgreich ist, also seine Ziele erreicht? Oder gibt es darüber hinausgehende Kriterien für die Güte des Unterrichts? Sind auch Prozessmerkmale von Bedeutung? Und wie lässt sich ihr Vorliegen feststellen? Sind alle oder nur einige Qualitätskriterien für einen guten Unterricht messbar und empirisch überprüfbar? Welche Konsequenzen ergeben sich aus der Antwort für die wissenschaftliche Bezugsdisziplin, die für den Unterricht zuständig ist? Kommt der Allgemeinen Didaktik oder der empirischen Lehr-Lern-Forschung eine Leitfunktion zu? Worin besteht jeweils ihre Leistung und wie lässt sich ihr Verhältnis bestimmen? Und welche Maßnahmen zur Realisierung eines guten Unterrichts lassen sich angeben? Der vorliegende Band 26 der *Münsterschen Gespräche zur Pädagogik* versucht Antworten auf diese und weitere Fragen zu geben. Er dokumentiert die Ergebnisse einer Tagung, die in Kooperation mit der Akademie Franz Hitze Haus und dem Landeskompetenzzentrum für individuelle Förderung in Münster durchgeführt wurde. In den Beiträgen des Sammelbandes stellen bekannte Erziehungswissenschaftler ihre Position im Hinblick auf die genannten Fragen vor und beantworten erfahrene Praktiker die Frage nach Realisierungsmaßnahmen.

Christian Fischer/Reinhard Schilmöller (Hg.)

Was ist guter Unterricht?
Qualitätskriterien auf dem Prüfstand

Aschendorff Verlag

2010, VIII und 192 Seiten,
kart. 14,80 € / sFr 26,60
ISBN 978-3-402-14342-1
Münstersche Gespräche
zur Pädagogik, Band 26

Aschendorff Verlag